Ich tanze!
… immer noch

WIE DAS SCHICKSAL MEIN LEBEN VERÄNDERTE
WAS DU FÜR DEINE KRISE DARAUS LERNEN KANNST

LEBENSKRISEN MEISTERN, RESILIENZ TRAINIEREN, EINEN NEUANFANG WAGEN

Angelika Zengler
1. Auflage 2020

Vielen Dank an Ulrike Luckmann
für die kompetente Unterstützung und Begleitung.

Inhaltsverzeichnis

Einleitung

„Ein Unfall mit Folgen – Bein ab.“ Das könnte eine Schlagzeile in der Bild-Zeitung sein – war es aber nicht. Es war die Schlagzeile in meinem Leben, als ich im Oktober 2012 mein linkes Bein verlor. Ich war damals unfähig, mir vorzustellen, was dies für mich bedeuten würde. Plötzlich fehlte etwas. Ich kannte nur ein Leben mit zwei gesunden Beinen. „Für mich wäre damit das Leben zu Ende", sagen andere Menschen häufig zu mir. Doch meine Erfahrung war und ist eine andere. Mein Leben war nicht zu Ende. Es dauerte zwar ganze fünf Monate, bis ich wieder stehen konnte. Doch der Unfall war – ganz im Gegenteil – für mich ein Antrieb, mein Leben endlich so zu leben, wie ich es mir vorstellte. Es ist seitdem aufregender und intensiver als je zuvor. Mit 1,5 Beinen stehe ich nun mitten im Leben, bin voller Lebensfreude und Tatendrang. Heute denke ich, die Lust zu leben, ist nicht an Bedingungen geknüpft. Und die Lebensfreude kann auch in schwierigen Situationen (wieder) geweckt werden.

Jeder von uns kennt Krisen aus seinem eigenen Leben. Meist haben sie sich nicht angekündigt. Sie sind einfach da – ein Herzinfarkt, eine Kündigung, ein Testergebnis, der Unfall eines Kindes. Als Erstes kommt der Schock, dann das Gefühl der Ohnmacht. Dann die Hilflosigkeit und die Angst vor dem Morgen. Ich kenne keinen, der sich solch eine Situation wünscht. Schon allein das Wort „Krise“ löst bei vielen Menschen Unbehagen aus. Sie fragen sich: Habe ich die notwendige Kraft, das Durchhaltevermögen, wenn es drauf ankommt?

Doch Krisen gehören zum Leben dazu. Ob klein, groß oder mittleren Ausmaßes, ob nur wir persönlich betroffen sind oder die gesamte Gesellschaft, wir können Krisen nicht ausweichen. Schon kleinere Probleme im Alltag stürzen uns häufig im Handumdrehen in tiefe Verzweiflung: Die Haustür ist zugeschlagen, der Schlüssel liegt noch drinnen, der letzte Zug ist weg und das Geld reicht nicht für ein Taxi, das Handy ist verloren gegangen, wichtige Unterlagen sind unauffindbar, das falsche Waschprogramm wurde gewählt – 60° statt 30° C und nun ist der Lieblingspullover ein paar Nummern zu klein –, der Friseur hat sich verschnitten, ... Die Liste ließe sich endlos erweitern. Jede dieser Situationen fordert uns heraus und die Strategie zur Bewältigung ändert sich mit der Krise.

Die größte Krise meines Lebens war zweifelsohne die Zeit nach meinem Unfall. Als ich im Krankenhaus lag, habe ich mich oft verloren gefühlt, konnte vieles nicht zuordnen. Mein Körper reagierte anders, als ich es gewohnt war. Ich fragte mich immer wieder, warum die Heilung so lange dauerte. Ich haderte mit mir selbst, machte mir das Leben schwer. Ich kämpfte mich mühsam, Schritt für Schritt aus dem Keller der Verzweiflung die Treppe hoch. Ich fühlte mich wie ein Bergsteiger auf einer neuen Route – anscheinend war niemand, zumindest niemand, den ich kannte, bereits diesen Weg gegangen. Überall musste ich die Eisen selbst in den Felsen schlagen. Ärzte, Krankenschwestern, Physio- und Ergotherapeuten sowie Orthopädietechniker unterstützten mich mit ihrem Wissen und ihrer Erfahrung – doch keiner von ihnen war amputiert. Ich ging folglich mit einem von ihnen gepackten Werkzeugkoffer auf die Reise und hoffte, dass das Richtige für mich darin war. Während meiner Ausbildungen zum Coach und zur Heilpraktikerin für Psychotherapie, die ich nach der Genesung absolvierte, habe ich viele meiner Phasen rückblickend einordnen können und Strategien wiedererkannt. Die Theorie bestätigte meine Praxis. Hätte ich dieses Wissen von Anfang an gehabt, hätte ich weniger an mir gezweifelt, wäre gelassener und zuversichtlicher gewesen. Ich hätte nicht so viele Umwege eingeschlagen. Doch in Hamburg sagt man: „Hätte, hätte, Fahrradkette." Was geschehen ist, ist geschehen und lässt sich rückwirkend nicht mehr ändern.

Ich habe in und aus dieser Situation viel gelernt. Mit der Zeit reifte in mir der Entschluss, dieses Wissen weitergeben zu wollen. Deshalb habe ich alles, was mir bei der Bewältigung der Krise und beim Neustart geholfen hat, in diesem Buch gesammelt wie in einem Korb. Ich lade dich dazu ein, zuzugreifen, um dich selbst mit dem Inhalt dieses imaginären Korbs zu stärken. Nimm dir so viel, wie du gerade brauchst – es ist genug da. Die in diesem Buch vorgestellten Strategien sollen dir dabei helfen, mit persönlichen Krisen besser zurechtzukommen. Das Werk versteht sich als Hilfe zur Selbsthilfe, als Vorlage, die du individuell auf deine eigene Situation anpassen kannst. Ich freue mich, wenn du damit auf deinem Weg weiterkommst. Denn eine Krise ist nicht das Ende, sondern der Beginn einer neuen Lebensphase, eine Chance, neue Fähigkeiten zu entdecken und Veränderungen anzugehen. Die Techniken, die ich vorstelle, funktionieren jedoch nicht nur in Krisensituationen. Du kannst sie auch im alltäglichen Leben einsetzen. Sie werden dir zu mehr Klarheit im Hinblick auf deine Lebensgestaltung verhelfen.

Du erfährst in diesem Buch ...

- was innere Stärken überhaupt sind und wie sie genutzt werden können.
- wie du Ziele so formulierst, dass du sie auch wirklich erreichst.
- wie du dich auf dem Weg zu deinem Ziel selbst motivierst.
- wie du auch in schwierigen Zeiten deine gute Laune behältst oder hervorlocken kannst.
- wie du mit Rückschlägen umgehen kannst.
- wie du Durststrecken überwindest.
- wie du dir Unterstützung holst.

- was sich hinter „Selbstfürsorge" verbirgt.
- warum es wichtig ist, Grenzen zu setzen.
- wie du Situationen anders bewerten kannst, sodass du auch anders darauf reagieren kannst.
- wie du deine Genussfähigkeit trainierst.
- dass schwierige Situationen und Spaß und Freude keine Gegensätze sind.
- dass über sich selbst lachen zu können, Handlungsfreiheit mit sich bringt.

Außerdem gebe ich dir zahlreiche Übungen an die Hand und begleite dich mit vielen Geschichten aus meinem Leben auf deinem Weg. Ich wünsche dir viel Spaß beim Lesen und Umsetzen!

1 Sekunden, die ein ganzes Leben verändern

Sekunden, die alles verändern, Schicksalsmomente. Daniel, der Sohn einer Freundin, wurde überfallen, überlebte zwar, jedoch mit schweren Gehirnverletzungen. Von dem Jungen mit Flausen im Kopf und großen Plänen ist nicht viel geblieben, er ist seitdem ein Pflegefall. „Ich hätte so gerne Enkel gehabt und aufwachsen gesehen, das werde ich nun nie erleben", sagte meine Freundin mit belegter Stimme am Telefon zu mir. Mir brach das Herz. Bei meinen eigenen Kindern wurden die Herztöne während der Geburt immer schwächer, weil sich die Nabelschnur um den Hals geschlungen hatte. Es wurde gerade noch rechtzeitig bemerkt, sodass der Sauerstoffmangel keine bleibenden Schäden hinterließ. Manche Kinder wiederum entwickeln sich zunächst ganz normal, sind fröhlich und ausgelassen. Doch plötzlich werden Auffälligkeiten festgestellt und eine niederschmetternde Diagnose folgt – eine irreversible Stoffwechselerkrankung oder Ähnliches. Ereignisse wie diese nehmen uns mit, auch wenn wir selbst nicht unmittelbar betroffen sind. Sie graben sich in unser Gedächtnis ein. Wir alle kennen Menschen in unserem Umfeld, mit denen wir nicht tauschen wollen würden. Ich ertappe mich dann oft bei der Frage: „Was wäre, wenn es mir passiert wäre?

Wie würde ich damit fertig werden?“ Wir betrachten in solchen Fällen die Situation, sehen die Folgen und bewerten sie für uns. Oft sind wir unsicher, wie wir darauf reagieren sollen. Wir schämen uns innerlich, weil wir froh sind, dass es uns nicht erwischt hat.

Doch es gibt auch Glücksfälle, die unser Leben umkrempeln, wie zum Beispiel ein Lottogewinn, eine bestandene Prüfung, das „Ja“ zu einer Verbindung, die Geburt eines Kindes. Wie ist es, wenn du dich an solche Momente erinnerst? Kannst du die Freude, das Glück noch einmal spüren? Vielleicht werden deine Augen feucht oder ein Lächeln huscht über dein Gesicht, vielleicht kommt dir ein Seufzer über die Lippen: „Oh, wie schön war das damals!“ Aber Glücksmomente können im Laufe der Zeit an Glanz verlieren. Wir stehen an einem anderen Punkt im Leben, haben uns verändert, sehen das Ereignis im Spiegel der Zeit. Der Lottogewinn ist zerronnen, Freundschaften sind dadurch auseinandergegangen. Die Erwartungen, die mit einer erfolgreich absolvierten Prüfung verbunden waren, haben sich nicht erfüllt – der Wunschjob ging an jemand anderen, der erhoffte Geldsegen hat sich nicht eingestellt. Die einst erfüllende Beziehung konnte späteren Belastungen nicht standhalten.

Doch manche Situationen behalten ihren Wert für immer, sie bleiben unser ganzes Leben lang Glücksfälle. Bei mir trifft das zum Beispiel auf das Gefühl bei einem Fallschirmsprung zu – das Kribbeln im Bauch beim Absprung aus dem Flugzeug und die Freiheit des Fallens spüre ich jedes Mal aufs Neue, wenn ich nur einen kleinen Fetzen azurblauen Himmels sehe. Die Weichheit und den Geruch meiner Kinder, als sie klein waren, werde ich ebenfalls nie vergessen. Sie sind inzwischen erwachsen, gehen ihren eigenen Weg. Doch ich spüre heute noch die Zärtlichkeit von damals in mir aufsteigen, wenn ich mich daran erinnere.

Schon kleine Krisen können uns sehr belasten und zumindest für eine begrenzte Zeit gravierende Auswirkungen haben. In meiner Familie war das Thema Haare ein Dauerbrenner für Tiefpunkte. Mein großer Sohn hat heute noch den Moment vor Augen, als ich zum ersten Mal einen Rasierapparat in der Hand hielt, um seine Haare zu stutzen. Es war kein Haartrimmer wie beim Friseur, sondern ein normaler Rasierer ohne einen die Haarlänge definierenden Aufsatz. Die Schere wollte ich an jenem Tag nicht einsetzen. Der Bruchteil einer Sekunde reichte: Ich hatte eine Schneise am Hinterkopf einrasiert. Es blieb mir nichts anderes übrig, als auch die Haare links und rechts davon zu kappen. Für meinen Sohn brach eine Welt zusammen. Mit dieser Frisur wollte er auf keinen Fall das Haus verlassen. An der Ferienfreizeit, zu der er kurz darauf aufbrechen sollte, wollte er nicht mehr teilnehmen. Er hatte keine Lust, sich drei Wochen lang zum Gespött der anderen Jugendlichen zu machen. Da die Tour jedoch geplant und bezahlt war, sollte er mitfahren. Bis zur Abfahrt sprach er kein Wort mehr mit mir, denn ich hatte ihm die Suppe eingebrockt. Ich war voller Schuldgefühle und hätte gerne die Zeit zurückgedreht. Als er von der Reise zurückkam, waren die Haare etwas nachgewachsen und der Schaden nicht mehr sichtbar. Ich selbst hatte später ein ähnliches Erlebnis bei einem Hamburger Starfriseur. Eine Dauerwelle mit anschließendem Schnitt sollte es für mich sein. Die Prozedur kannte ich. Doch als es ans Schneiden ging, folgte die böse Überraschung – auf einer Seite hatten meine Haare die Dauerwelle nicht angenommen. Diese Asymmetrie bereinigte der Friseur mit der Schere, die Haare waren ab. In beiden Situationen konnte der vorherige Zustand nicht mehr hergestellt werden – ab ist ab. Die Mutter-Kind-Beziehungskrise haben mein Sohn und ich längst überwunden, das Vertrauen in meine Haarschneidekünste hatte jedoch stark gelitten. Der Fehlschnitt auf meinem eigenen Kopf hat mich hingegen nicht lange beeinflusst.

Wie wir eine Krisensituation bewerten, ändert sich bei den meisten von uns nicht – je nach Schwere des Problems bleiben wir bei unserer ersten Einschätzung. Was uns passiert ist, ist ein schreckliches Ereignis, ein Unglück, war nicht geplant und nicht bestellt. Am liebsten würden wir es postwendend an den Absender zurückschicken mit den Worten: „Passt mir nicht, will ich nicht, kommt ungelegen, nicht für mich!“ So hätte ich es nach meinem Unfall zu gern gemacht.

Der Unfall ereignete sich am 20.10.2012 und fiel wie ein Hurrikan in mein Leben ein. Er hat alles auf den Kopf gestellt und mein Leben nachhaltig verändert. Aber ich habe dadurch so viele neue Impulse bekommen, dass ich mittlerweile von einem Glückfall spreche. Viele Menschen können das nicht nachvollziehen. „Du hast doch einen Teil deines Beines verloren. Das soll ein Glücksfall sein?“, fragen sie ungläubig. Stimmt! Mein Bein in seiner ursprünglichen Form zurückzubekommen, wäre ein Traum. Doch aufgrund dieses Unfalls hatte ich endlich den Mut, mein Leben anders zu gestalten als bis dato und meinem eigenen Kompass zu vertrauen. Glück und Unglück sind zwei Seiten derselben Medallle. Im Nachhinein betrachtet stellt sich häufig heraus, dass vermeintliches Glück gar keines gewesen ist und dass augenscheinliches Unglück ein Geschenk war.
Im Rahmen einer Krise taucht früher oder später unweigerlich die Frage aller Fragen auf: Wie lange dauert es, bis ich es überstanden habe? Bei mir waren diese Fragen im Falle der Frisur: Wie lange muss ich warten, bis die Haare nachgewachsen sind? Und nach der Amputation: Wann kann ich wieder aufrecht stehen? Ich hätte mir nach dem Unfall eine Angabe zur möglichen Genesungsdauer gewünscht. Sie wäre für mich ein Halt, eine Orientierung gewesen. In

Gesprächen höre ich von anderen über ihre Krisenbewältigung oft: „Hätte ich vorher gewusst, dass das Ganze so lange dauert, hätte ich mir meine Kräfte anders eingeteilt und mir nicht so viele Hoffnungen gemacht. Diese permanenten Enttäuschungen haben mich fertiggemacht." Die bevorzugte Devise bei der Bewältigung von Krisen ist, möglichst schnell hindurchzukommen, auch wenn es anstrengend wird. Doch häufig belehrt uns das Leben eines Besseren: „Es dauert so lange, wie es dauert", werden wir ermahnt. Und diese Dauer zeigt sich in allen Varianten – wie bei einem Wanderweg: mal nach oben, mal nach unten, lange Zeit auf gleichbleibendem Niveau. Manchmal tut sich eine Abkürzung auf, manchmal werden wir zurück zum Anfang geschickt.

Das „Vorher" ist bei einer Krise einfach zu bestimmen. Bei mir ist es der Lebensabschnitt, in dem ich noch zwei gesunde Beine hatte. Dieser erstreckt sich bis zum Unfallereignis. Das „Nachher" ist hingegen viel schwieriger zu definieren. Woran sollte ich festmachen, dass es begonnen hatte? Begann es an dem Punkt, an dem ich wusste, dass ich die Situation bewältigt hatte? Oder an dem Punkt, von dem ich glaubte, die Situation bewältigt zu haben? Beide Punkte lassen sich erst im Nachhinein festlegen. So ist es aus heutiger Sicht wenig überraschend, kam damals jedoch sehr unerwartet, dass ich meinen zunächst gedachten „Nachher"-Punkt später noch einmal verschieben musste.

Ich lade dich nun ein, für einige prägende Ereignisse in deinem Leben einen kurzen Check zu durchzuführen.

Dein Ereignischeck

Wähle spontan, ohne groß nachzudenken, drei Ereignisse aus, die dich in der Vergangenheit beschäftigt haben. Betrachte nun jede dieser Situationen und beantworte für dich die folgenden Fragen.

- Verbindest du die Situation mit einem positiven oder negativen Gefühl? Welche Gefühle kamen direkt in der Situation in dir hoch?
- Wie war der weitere Verlauf? (Wie lange hat es gedauert, bis du das Ereignis innerlich losgelassen hast?)
- Wie gestaltete sich dieser weitere Verlauf? (Kurz und schnell, lang und ohne großen Fortschritt, mit Höhen und Tiefen?)
- Welche Gefühle verbindest du heute mit diesem Ereignis? (Positive oder negative?)

- Hat sich an deinen früheren Gefühlen und damit an deiner Bewertung der Situation etwas verändert? Inwiefern haben sich deine Einstellung und dein Verhalten seitdem geändert?
- Wie stellst du dich normalerweise einer unbekannten Situation? (Abwartend, draufgängerisch, ...?)

Mein „Vorher“ war ein Leben mit Höhen und Tiefen, wie sie jeder kennt. Von Anfang an war ich ein recht ungeduldiges Wesen. Ich glaubte, sieben Monate im Bauch seien genug. Eine Fehleinschätzung. Ich war in der Kindheit oft krank – meine Rollen bei Schulveranstaltungen mussten immer wieder andere übernehmen. „Das Kind muss gestärkt werden“, meinten meine Eltern daher und schickten mich zum Balletttraining. Ein Glücksfall für mich, denn dadurch entdeckte ich meine Liebe zum Tanzen. Später bestand ich die Eignungsprüfung für eine Ausbildung zur professionellen Tänzerin. Ich träumte schon von einer Bühnenkarriere. Doch meine Eltern waren anderer Meinung – sie befürchteten, meine schulischen Leistungen würden durch das intensive Training nachlassen. Mein Traum zerbrach. Aber ich akzeptierte es und verfolgte geradlinig meine schulische Laufbahn bis zum Abitur. Anschließend begann ich ein Studium in Mathematik und Physik, das mir endlich die ersehnte Freiheit bringen sollte. Ich wählte einen Studienort, der 400 km von meinem Zuhause entfernt war. Ich hat-

te hochfliegende Pläne, wollte nach dem Studium in die Forschung. Daraus wurde jedoch nichts, denn die Freiheit währte nur kurz. Ich verliebte mich bald nach Studienbeginn, heiratete, bekam Kinder. Kurz vor dem Abschluss brach ich das Studium ab. Der Doppelbelastung aus Examensarbeit und Versorgung von zwei kleinen Kindern war ich nicht gewachsen. Hinzu kam, dass mein Mann sich beruflich häufig veränderte. Und wir zogen seiner Arbeit nach. Als die Kinder größer wurden und zunehmend ihrer eigenen Wege gingen, hatte ich wieder mehr Zeit für mich. In den Jahren zuvor hatte ich Yoga für mich entdeckt. Es hatte mir Halt und Ruhe gespendet, aber auch meine frühere Gelenkigkeit wiedergegeben. Ich wollte mehr davon und absolvierte eine Ausbildung zur Yogalehrerin.
Die häufigen Umzüge ziehen sich wie ein roter Faden durch mein Leben – und jeder Ort verlieh mir frische Energie und den Schwung, etwas Neues zu lernen. Nach einem weiteren Wohnortwechsel beschloss ich, noch etwas aus meinem abgebrochenen Studium herauszuholen, um auf eigenen Beinen stehen zu können. Ich wollte eine Ausbildung zur Programmiererin in Düsseldorf beginnen. Ich bewarb mich bei einem Unternehmen und wurde prompt zum Eignungstest eingeladen. Ich ging zwar hin, glaubte allerdings nicht daran, die Stelle zu bekommen. Ich dachte, ich sei zu alt, noch dazu war ich Studienabbrecherin. Daher kreuzte ich unbedacht an, eine Vollzeitstelle zu suchen. Als ich schließlich entgegen meiner Erwartungen eine Zusage

in den Händen hielt, wusste ich nicht, ob ich lachen oder weinen sollte. Bereits 14 Tage später sollte die Ausbildung in Vollzeit beginnen und ich hatte noch keinerlei Kinderbetreuung organisiert. Wir wohnten damals in einem Hochhaus, zusammen mit vielen anderen Familien. Dadurch fand ich schnell eine nette Familie, die bereit war, für meine Kinder eine Anlaufstelle nach Schule beziehungsweise Kindergarten zu sein. Mein Mann stand dem Ganzen sehr skeptisch gegenüber. Denn die Belastung für die Familie war groß – er hatte keinen 8-Stunden-Tag und konnte nicht zu einer festen Uhrzeit daheim sein. Dass meine Ausbildung die finanzielle Situation unserer Familie schon bald darauf retten würde, konnte anfangs niemand ahnen. Es ging also los und ich gab beruflich Gas. Und kaum, dass ich die Ausbildung beendet hatte, trat auch schon der Ernstfall ein: Mein Mann verlor seine Stelle. Von einem Tag auf den anderen wechselten wir die Rollen und ich wurde die Alleinverdienerin, die die Familie ernährte. Was anfangs nur als Übergangslösung gedacht war, zementierte sich mit der Zeit. Um trotzdem ausreichend Zeit mit meinen Kindern verbringen zu können, wählte ich den Weg in die Freiberuflichkeit. Zunächst führte ich interne Schulungen im EDV-Bereich bei Firmen und offene Seminare, die für jeden zugänglich waren, durch. Später arbeitete ich hauptsächlich projektbasiert. Dafür musste ich häufig reisen. So wurde ich zur Freitag-bis-Sonntag-Mama, manchmal auch zur Donnerstag-bis-Sonntag-Mama. Eine Zeit lang hatte ich ausschließlich Aufträge in Hamburg. Ich malte mir aus, wie schön es wäre, dort zu wohnen und jeden Abend nach Hause zu kommen. Schließlich zogen wir in die Nähe von Hamburg. Wie jeder Ortswechsel brachte auch dieser etwas Neues mit sich, diesmal jedoch in anderer Form als bis dato – ich wurde noch einmal schwanger, ein Nachkömmling kündigte sich an. Viel reisen konnte ich dadurch nicht mehr. Als mein Sohn zwei Monate alt war, hatte ich einen Auftrag für ein öffentliches Seminar in Hamburg. Ich beschloss, das Baby mitzunehmen. Mein Sohn würde ohnehin die meiste Zeit schlafen und ansonsten würde ich ihn in meinem Tragetuch am Körper tragen, da fühlte er sich wohl. Anfang der 1990er Jahre war dies allerdings wohl ein ungewohnter Anblick für die vorwiegend männlichen Seminarteilnehmer. Der erste Seminartag verlief ohne Zwischenfälle, ich war zufrieden. Doch der Leiter des Instituts wollte mich sprechen. Er kam direkt zur Sache – das Baby sei ein Unding im Seminarraum, eröffnete er mir. Zum Stillen gäbe es auch andere Möglichkeiten – ein Hotelzimmer in der Nähe, in dem das Kind betreut werden und wohin ich in den Pausen pendeln könnte. Andere Referentinnen würden dies so praktizieren. Er stellte mir ein Ultimatum: Ich könne das Seminar weiter halten, jedoch nur ohne Baby an Bord, ansonsten würde ein anderer Referent einspringen. Ich war fassungslos. Kein Teilnehmer hatte sich negativ geäußert, mein Sohn hatte nicht gestört, ich war eine gute Dozentin – wo war das Problem? Ich rief in der Zentrale des Instituts an. Dort sagte man mir, dass eine Mutter mit Säugling bei aller Wertschätzung für mich und meine Kompetenz nicht in das Bild einer Referentin für ihre Seminare passen würde. Ich verzichtete auf die Fortführung des Seminars. Für künftige Seminare musste ich jedoch nach einer anderen Lösung Ausschau halten und eine Betreuung für die Seminarzeiten organisieren. Mit zunehmendem Alter meines Sohnes klappte das ganz gut.

Irgendwann wurden meine Aufträge für Seminare weniger. Viele Firmen befanden sich in einer Krise, weswegen als erste Maßnahme Schulungen gestrichen wurden. Ich musste mich umorientieren und wieder nach Arbeit in Projekten suchen. Ein kleines Hindernis dabei war der oftmals geforderte „Expertenstatus", denn ich konnte zu diesem Zeitpunkt nur wenige Projekte als Referenz vorweisen. Doch ich hatte Glück: Ende der 1990er Jahre gab es viele Bankenfusionen nach dem Schema „Aus 2 mach 1". Dadurch mussten die unterschiedlichen EDV-Systeme der beiden jeweiligen Banken zusammengelegt werden, was den Arbeitsmarkt im IT-Bereich leersaugte. Ich wurde für Projekte gebucht, die ortsübergreifend an den Standorten Hamburg und München stattfanden. Da Videokonferenzen noch nicht üblich waren, pendelte ich für Meetings nach München. Einige Projekte erforderten auch meine dauerhafte Anwesenheit vor Ort. Dann war ich wieder eine Freitag-bis-Sonntag-Mama.

Das lief etwa zwanzig Jahre lang so. In dieser Zeit veränderte sich privat viel in meinem Leben: Ich ließ mich von meinem Mann scheiden und lebte fortan allein. Auch mein jüngster Sohn war inzwischen erwachsen und hatte ein Studium in Dresden begonnen. Als ich wieder ein Projekt in Hamburg hatte, konnte ich mir meine Freizeit endlich selbst einteilen. Ich füllte vorwiegend die Wochenenden mit Aktivitäten. Irgendwann lernte ich einen neuen Mann kennen, durch den ich das Radfahren für mich entdeckte. Wir machten zusammen lange Touren, für die ich mir eigens ein tolles Fahrrad zugelegte. Ich war begeistert! Und dann kam der Tag, an dem mein Leben völlig auf den Kopf gestellt wurde ...

Es war ein Samstag. Dem Wetterbericht zufolge sollte es der letzte richtig schöne Tag im Oktober werden – das wollten wir ausnutzen, bevor wir unsere neuen Räder zum Überwintern in den Keller stellten. Der Wetterfrosch hatte recht, der Himmel war strahlend blau mit kleinen Schäfchenwolken. Ich freute mich auf die Fahrt. An einer Bundesstraße hielten wir kurz an, mein Freund holte die Landkarte raus und dachte nach. In solchen Fällen hielt ich mich stets zurück. Doch einfach nur herumzustehen, fand ich langweilig. Also sah ich mich um und traute meinen Augen nicht – ich erblickte das Hinweisschild zu einem nahe gelegenen Obsthof. Mir lief das Wasser im Mund zusammen und ich überlegte, was ich von dort mitnehmen könnte.

Pflaumen, Äpfel, Birnen? Ich musste mich allerdings überraschen lassen, denn auf dem Schild stand nur „Obsthof". „Ich gehe kurz mal rüber", sagte ich zu meinem Freund, der immer noch die Karte studierte. Ich schnappte mir mein Fahrrad, blickte mich um: links, rechts, links, kein Verkehr. Also schob ich mein Fahrrad auf die Straße, Richtung Mittelstreifen. Doch auf der anderen Seite kam ich nie an. Denn plötzlich spürte ich einen Schlag und lag auf der Straße. Ich merkte sofort, dass mit meinen Beinen etwas nicht in Ordnung war. „Meine Beine, meine Beine", jammerte ich. Mein Freund war schnell neben mir. Ich hörte seine Stimme. „Halte durch, bleib wach, Hilfe kommt gleich", sagte er mir immer wieder, es war wie ein Mantra. Ich kämpfte mit Übelkeit. Dann hörte ich ein Martinshorn. Ich nahm Gesprächsfetzen wie durch einen Nebel wahr und eine Hand an meiner Schulter. „Können Sie mich hören?", fragte eine Stimme. Ich nickte. „Mir ist übel, meine Beine", brachte ich nur heraus. „Ich werde Sie jetzt in ein künstliches Koma versetzen, der Hubschrauber ist gleich da", sagte die Stimme noch. Nachdem ich mich einverstanden erklärt hatte, war ich weg. Ich erlebte weder die Ankunft des Hubschraubers noch den Flug ins Universitätskrankenhaus Lübeck. Ich bin ganz dankbar dafür, dass ich die Details vom Unfallgeschehen und der Tatortreinigung nicht in epischer Breite mitbekommen habe. Erst später erfuhr ich, dass ein Motorradfahrer mich erwischt hatte.

Als ich irgendwann erwachte, blickte ich in mehrere Gesichter: bekannte – die meiner Kinder – und ein unbekanntes – das eines Arztes, wie ich erfuhr. Das rechte Bein sei gebrochen, das linke hingegen so stark beschädigt, dass es nicht erhalten werden könne, erklärte mir letzterer. Eine Amputation sei erforderlich und dazu müsse ich meine Einwilligung geben, ein Formular unterschreiben, fügte er hinzu. Die Tragweite dieser Maßnahme konnte ich in diesem Moment nicht erfassen. Ich sah in die ernsten und besorgten Gesichter meiner Kinder. Die Lage musste wohl wirklich kritisch sein. Der Arzt spürte meine Hilflosigkeit. Deshalb versicherte er mir, dass eine prothetische Versorgung heutzutage kein Problem mehr sei. Meine Tochter ergänzte: „Bei den nächsten Paralympics bist du dabei!“ Ich stellte die Diagnose nicht infrage und weiter wollte ich gar nicht denken. Ich unterschrieb mit einem kleinen, verzweifelten Lachen und den Worten: „Hoffentlich habe ich jetzt keine Waschmaschine gekauft.“ Damit wollte ich es für mich ein wenig leichter machen. Dann war ich mal wieder weg. Mein Bein hätte ich unter normalen Umständen nie hergegeben. Beide Aussagen, sowohl die des Arztes als auch die meiner Tochter, sind bislang noch nicht eingetreten. In der damaligen Situation haben sie mir jedoch die Zuversicht gegeben, es schaffen zu können. Damals wusste ich allerdings nicht, dass meine Tochter einen Wissensvorsprung hatte. Sie kannte einen Amputierten, der gut im Leben zurechtkam. Dass ich wohl nicht an den Paralympics teilnehmen würde, hatte ich vermutlich geahnt, dass sich aber die prothetische Versorgung bis heute schwierig gestaltet, hätte ich damals nicht gedacht. Denn eine Prothese ist keine einmalige Anfertigung, die passgenau für die Ewigkeit hält und sitzt. Es müssen immer wieder Anpassungen vorgenommen werden, bei denen ich obendrein von der Entscheidung des Kostenträgers abhängig bin. Eine Prothese ist also nicht wie Zahnersatz – einmal angefertigt ewig haltbar –, sondern muss regelmäßig neu justiert werden.

Nach meiner Einwilligung ging es erst richtig los. In vielen Einzelschritten wurde ich restauriert, mal das rechte, mal das linke Bein. Alle drei Tage eine OP und das drei Wochen lang! Ich wurde mit Medikamenten vollgestopft und fühlte mich wie in Watte gepackt. So musste es sich im Auge eines Sturms anfühlen, wo totale Windstille herrscht. Ich pendelte zwischen der Intensivstation und verschiedenen Abteilungen hin und her, da ich sowohl in der normalen als auch in der plastischen Chirurgie behandelt wurde. Wenn ich später davon erzählte, habe ich oft mit einem Augenzwinkern ergänzt, dass leider zu diesem Zeitpunkt keine weitere Restaurierung auf dem Programm stand – Brust, Bauch und was sonst noch so üblich ist, wurden nicht direkt mit „gemacht“.

Knochenbrüche hatte ich bis zu diesem Zeitpunkt nur von anderen gekannt. Daher hatte ich beim Aufwachen nach einer der zahlreichen OPs mit einer Gipsschiene gerechnet. Doch ich erblickte eine Apparatur an meinem Bein, wie ich sie noch nie gesehen hatte, und mir stockte der Atem. Stangen gingen durch mein Bein und meinen Fuß hindurch, weitere Stäbe stabilisierten das Ganze. Es sah aus wie ein Käfig und ein Teil von mir war darin gefangen. Bilder stiegen vor meinem inneren Auge auf: Menschen in Indien, die sich in Trance die Haut und Körperteile durchbohrt haben. Oft lassen sie sich daran aufhängen, die Trance lässt sie die Schmerzen vergessen. Ich versuchte, diese Bilder wegzuschieben. Indien war eine andere Welt und ich war nicht in Trance. Ein anderes Bild kam hoch: Folterwerkzeuge aus dem Mittelalter. Obwohl ich weiß, dass sich solche Bilder bei mir einbrennen und mich nicht mehr loslassen, habe ich vor langer Zeit eine solche Kammer des Schreckens besichtigt. Auch dieses Bild schob ich weg. Die Apparatur sollte schließlich den Bruch stabilisieren und das Bein ruhigstellen. Ich schaltete meinen Verstand ein und fragte mich, wie ich meine Position verändern konnte. Eine Schwester hatte mir versichert, dass ich dieses Gestell einfach so anheben könne. So richtig überzeugt war ich davon nicht, ich wollte doch nicht noch mehr kaputt machen. Es war eine große Überwindung für mich, es doch zu tun. „Das erste Mal ist immer schwer“, versuchte ich mich zu beruhigen. Die innere Befangenheit blieb trotzdem. Bei späteren Krankenhausaufenthalten habe ich noch andere Halteapparate gesehen. Und obwohl ich weiß, dass sie der Stabilisierung dienen, lief mir jedes Mal ein Schauer über den Rücken, meine Hände wurden feucht und in meiner Magengegend breitete sich ein komisches Gefühl aus. Meine beiden Enkel – damals sechs Jahre alt – waren da viel unbefangener, als sie mich im Krankenhaus besuchten. Voller Interesse musterten sie die Haltevorrichtung. Dann stellten sie die entscheidende Frage: „Wie sieht dein linkes Bein aus? Mama hat gesagt, dein Bein ist ab." Der Verband, den ich ihnen zeigte, gab ihnen die Gewissheit: Der linke Fuß und ein Teil des Beines waren wirklich nicht mehr da.

Die Schmerzmittel, die ich damals bekam, sorgten bei mir für einen eigenartigen Zustand des Schwebens, ich kam mir vor wie das Raumschiff im Lied von Major Tom: „Völlig losgelöst von der Erde, schwebt das Raumschiff, völlig schwerelos."[1] Die Schmerzen wurden für mich im Krankenhaus zu einer neuen Lerneinheit. Bis dahin waren sie in meinem Leben nur Randerscheinungen gewesen. Schmerzen waren halt mal da und, sobald sie wieder weg waren, schnell vergessen. Ich hatte nie einen Grund gehabt, mich länger damit zu beschäftigen. Nun war das anders, denn ich war einer Fülle verschiedener Schmerzempfindungen ausgesetzt. Bat ich um Schmerzmittel, wurde ich oft ge-

---

[1] „Major Tom (Völlig losgelöst)", Musik und Text: Pierre Schilling, © Peer Musikverlag GmbH. Abdruck des Textzitats mit freundlicher Genehmigung der Peer Musikverlag GmbH.

fragt: „Wo haben Sie Schmerzen? Wie stark sind diese?" Oder ich bekam zu hören: „Sie haben doch gerade erst Schmerzmittel bekommen, die wirken nicht sofort, warten Sie noch ein wenig ab." Oder: „Wir müssen erst beim Schmerztherapeuten nachfragen." Die Aussage: „Ich habe Schmerzen und es tut sehr weh", reichte nicht, um Medikamente zu bekommen. Ich versuchte daher, die Schmerzen zu beschreiben, Worte dafür zu finden und sie irgendwie zu lokalisieren: stechend, taub, brennend, stumpf, Schmerzen wie durch Dehnung, ... Obendrein tat es immer wieder an einer anderen Stelle in meinem Körper weh. Ich hatte das Gefühl, als ob eine ganze Mannschaft von Schmerzen in meinem Körper Fangen spielte, sich dabei aber nicht an die Regeln hielt und schmutzige Tricks einsetzte. Am verwirrendsten waren die Phantomschmerzen. Schon diese Bezeichnung ist in meinen Augen ein Widerspruch in sich. Ein Phantom ist ein Geist und folglich nicht greifbar, nicht da. Der Schmerz, der sich bei mir meldete, war hingegen jenseits von Gut und Böse. Die übliche Skala von 1 bis 10 reichte nicht, um diesen Phantomschmerz zu kategorisieren. Ich hätte eine 100 vergeben wollen. Wenn ich im Bett liegend die Bettdecke anhob, sah ich den Verband unterhalb meines Knies, der die noch verbliebenen 14 cm meines Unterschenkels umhüllte. Mehr war nicht vorhanden, kein restlicher Unterschenkel, kein Sprunggelenk, kein Fuß. Trotzdem spürte ich dort immer wieder eine Schmerzexplosion. Ich hatte das Gefühl, als würde mir eine

Stahlhand den Knöchel umdrehen, gefühlt um 180 Grad, genüsslich, ohne Pause. Ich krümmte mich zusammen. Ich wusste plötzlich, was es bedeutet, wenn einem schlecht vor Schmerzen wird. Ich schnappte nach Luft. Dann folgte bereits die nächste Schmerzexplosion. Einen Krampf im Fuß hatte wohl jeder schon mal – die damit verbundene Anspannung der Muskeln und Sehnen kennen wir alle. Das, was ich erlebte, war obendrauf ein Krampfen der Zehen und eine deutlich höhere Schmerzstärke. Ich klingelte nach der Schwester und stöhnte: „Ich brauche noch mehr Schmerzmittel!“ Als die neue Dosis wirkte, betastete ich vorsichtig den Verband an meinem Bein. Ich sank in die Kissen und verstand die Welt nicht mehr. Was war nur mit mir los? Ich kam mit meinen Körperreaktionen nicht mehr klar. Erst viel später bekam ich eine Erklärung für diese Phänomene: Jede Körperregion ist in einem speziellen Gehirnareal abgebildet. Beim Verlust eines Körperteils werden die dafür zuständigen Bereiche im Gehirn neu zugeordnet, da keine Signale mehr ankommen. Wie bei einer WG, aus der ein Mitbewohner auszieht, wird das freigewordene Zimmer durch einen anderen Bewohner belegt. Diese Verteilung geschieht willkürlich. Dadurch entstehen merkwürdige Effekte. Bei mir lösten beispielsweise Berührungen mit einem Pinsel am Arm Empfindungen in dem nicht mehr vorhandenen Fuß aus. All dieses Wissen hätte mir damals jedoch auch nicht geholfen, denn einen Schmerz kann man nicht wegdiskutieren. Ich hatte aller-

dings Glück, denn die Phantomschmerzen konnten durch Medikamente eingedämmt werden und verschwanden nach wenigen Monaten.
Als 2019, lange nach der Amputation, bei der Stumpfkorrektur ein Nerv gekürzt wurde, erwischten mich die davon ausgelösten erneuten Phantomschmerzen kalt. Es war, als würden in meiner Hirn-WG Briefe an den inzwischen ausgezogenen Mitbewohner für Verwirrung sorgen. Glücklicherweise hielten die Schmerzen diesmal nicht so lange an.
Meine Schmerzerfahrungen zeigten mir, wie Schmerzen einen in den Wahnsinn treiben können. Die Einnahme von Schmerzmitteln glich dabei einer Gratwanderung: Entweder hatte ich kaum Schmerzen, dafür aber das Gefühl betäubt zu sein, oder die Schmerzen fraßen mich auf und ließen nur noch einen Gedanken zu – wie ich sie abschalten konnte.

Wir alle kennen das: Man steht vor einer Situation, ist verzweifelt, fühlt sich ohnmächtig und möchte am liebsten wie ein HB-Männchen aus den Werbespots der 1980er Jahre in die Luft gehen. Dann überlegen wir, wie wir die Dinge wieder zum Laufen bringen können. Ein ganz simples Beispiel dafür sind technische Geräte, die manchmal ein Eigenleben zu führen scheinen. Bei mir trifft das auf die Waschmaschine zu. Mein Verhältnis zu ihr ist eher angespannt. Eines Tages türmte sich mal wieder die Schmutzwäsche. Der Nachmittag war eng getaktet, daher stopfte ich schnell nebenbei einen Schwung Wäsche in die Maschine und schaltete diese ein. Das Programm sollte etwa eine Stunde brauchen, dann hätte ich die Wäsche in den Trockner umgeladen und so weiter. Doch es kam anders. Als das Programm durchgelaufen war, wollte ich die Wäsche rausnehmen. Aber sie war noch pitschnass. Ich überlegte, ob ich vielleicht die Schleuderdrehzahl reduziert hatte. Das war jedoch nicht der Fall. Ich seufzte, denn durch diese Verzögerung konnte ich meinen Zeitplan nicht mehr einhalten. Ich veranlasste einen weiteren Schleudergang und blieb neben der Maschine stehen. Sie startete einen kläglichen Versuch und gab ein komisches Quietschen von sich, das mir wohl signalisieren sollte, dass sie Hilfe brauchte. Ich dachte an eine Verstopfung und begann, das Wasser aus der Maschine abzulassen. Ich holte einen Eimer und öffnete das Notventil. Anschließend kontrollierte ich das Flusensieb. Nach einer Viertelstunde startete ich die nächste Schleuderaktion. Diesmal kam der Hilferuf der Waschmaschine etwas später … Als letzten Versuch wählte ich eine andere Schleudertourenzahl. Danach war ich mit meinem Latein am Ende und rief den Kundendienst an.

Solche Defekte bringen unseren Alltag durcheinander und regen uns auf. Bei einem technischen Gerät reicht jedoch meist eine Reparatur, um es wieder zum Laufen zu bringen. Und wenn nicht, kauft man halt ein neues Gerät. Nach meinem Unfall streikte aber nicht ein technisches Gerät, sondern mein Körper. Und dieser war nicht so leicht zu reparieren und schon gar nicht zu ersetzen. Ich lief auf Sparflamme und dieser Modus war neu für mich. Ich konnte damit nicht umgehen. Irgendetwas musste doch noch funktionieren, es hatte schließlich bisher immer alles funktioniert. Die Aktivität meines Gehirns war wie durch einen Dimmer heruntergeregelt. Und ich verstand nicht warum. Es war, als ob ich nicht mehr Herrin in meinem eigenen Hause war. Mir war die Kontrolle über bestimmte Funktionen genommen worden. Ich musste es geschehen lassen, dämmerte dahin in meiner Unbeweglichkeit. Die Schmerzen schalteten mein Denken aus, ich hatte kein Gefühl mehr für Zeit und Raum. Wochentag und Datum entnahm ich dem Speiseplan. Aber beides verlor im Krankenhaus seine Bedeutung – es gab nur noch zwei Abläufe: Montag bis Freitag und Wochenende. Der Tag bekam seine Struktur durch Visite, Mahlzeiten und Besuche. Ich war für nichts mehr aufnahmefähig: Wenn ich las, verschwamm jedes Wort vor meinen Augen. Wenn ich Musik oder Hörbüchern lauschte, schaltete ich innerlich ab. Die Berieselung durchs Fernsehen störte mich, sodass ich die Augen schloss. Gespräche ermüdeten mich schnell. Berührungen spendeten mir keinen Trost mehr. Ich fühlte mich leer und als würde ich mich in einzelne Bestandteile auflösen. In mir war nichts mehr – kein Aufbegehren, kein Funke Lebenskraft, Leidenschaft schon gar nicht. Ich schob es auf die Medikamente. Heute weiß ich, dass der menschliche Körper in

vielen Situationen zur Notbremse greift. Denn Heilung funktioniert nur im Ruhemodus. Deshalb werden alle Körperfunktionen und -prozesse, die nicht gebraucht werden, abgeschaltet. Selbst bei kleineren Eingriffen, wie zum Beispiel Zahn-OPs, bekomme ich heute von den Ärzten den Rat, mich auszuruhen. Früher hieß es meist nur, ich solle keinen Sport treiben. Richtig auskuriert hatte ich mich noch nie, die Geduld zum Warten hatte ich einfach nicht. Sobald ich mich auch nur ein wenig besser fühlte, ging ich zum normalen Alltagsleben über. Diesen inneren Antrieb hätte ich nach meinem Unfall gebraucht. Doch wie konnte ich ihn aktivieren? Am absoluten Nullpunkt, an dem alles zum Erliegen kommt, der totale Stillstand herrscht, nichts mehr geht, war ich noch lange nicht.
Ich brauchte eine Beschäftigung, konnte mich aber nicht lange auf etwas konzentrieren. Der Zeitvertreib sollte darum abwechslungsreich sein, mir Freude bereiten und jederzeit zur Seite gelegt werden können. Bilder von früher gingen mir durch den Kopf – auf langen Autofahrten, im Zug, im Flieger und bei vielen weiteren Gelegenheiten hatte ich stets Strickzeug dabei. Zahlreiche Pullover für meine Tochter und mich sind dabei entstanden. Lange schon hatte ich keine Stricknadeln mehr in die Hand genommen, denn es gab keinen Abnehmer mehr. Doch nun erschien es mir als geeignete Beschäftigung, die alle meine Kriterien erfüllte. Ich fragte meine Schwester, ob sie etwas Gestricktes gebrauchen könne. Sie sagte, sie könne sich gut einen

Schal mit passender Mütze vorstellen. Beim nächsten Besuch brachte sie mir Wolle und Stricknadeln mit. Ich merkte schnell, wie gut es mir tat, die Hände zu bewegen, ohne das Gehirn einschalten zu müssen, und die Augen nur konzentriert auf die Nadeln zu richten. Wie in Trance bewegte ich meine Finger von Masche zu Masche. Ich sah den Fortschritt und hatte schließlich ein Ergebnis. Ich hatte etwas geschafft. Ich konnte doch noch etwas! Meine Zufriedenheit wuchs und die Apathie verschwand zunehmend. Das Ausfüllen meiner Zeit mit etwas Sinnvollem, hatte mir gefehlt. Das Sahnehäubchen obendrauf war, die Freude zu sehen, die mein Werk auslöste. Fortan gab es kein Halten mehr. Ich war ein wahrer Nimmersatt. Meine Strickwut kannte keine Grenzen mehr, ich bettelte um Aufträge und war verzweifelt. Meine Schwester weigerte sich, weitere Mützen oder Schals in Auftrag zu geben. „Ich habe doch beides schon", antwortete sie auf meine Bitte. Ich konnte sie nicht erweichen. Mein Strickfieber hielt über ein Jahr lang an. Wie gut, dass sich in der Familie ein Baby ankündigte, – meine nächste Serie bestand aus unzähligen Babysachen. Am Ende landete ich bei Socken für Groß und Klein.

Das Stricken versetzte mich in einen Flow-Zustand, in dem ich Zeit und Raum vergaß. Ich sah, wie die Teile wuchsen und fieberte der Fertigstellung entgegen. Das Sahnehäubchen und der schönste Lohn für meine Arbeit war, wenn der Beschenkte die von mir gefertigten Dinge tatsächlich nutzte. Mein Geschenk war das Erfolgserlebnis, der Stolz, etwas fertiggestellt zu haben. Die Bewegung meiner Finger beim Stricken sorgte obendrein dafür, dass Teile meines Gehirns wieder besser durchblutet wurden. Ich habe instinktiv die Fingerübungen durchgeführt, die der Japaner Yoshiya Hasegawa in seinem Buch „Daumen-Yoga für das Gehirn“ [5] vorstellt. Das Buch selbst habe ich erst viele Jahre später gelesen, von den entsprechenden Techniken aber schon damals profitiert. Hinzu kam, dass ich, wenn ich etwas anfertigte, abschalten, meine Gedankenspiralen unterbrechen und mich neu ausrichten konnte. Wenn ich im Flow war, hatte ich keine Zeit mehr, mich mit meinem Gedankenkarussell zu beschäftigen. Dies gelang mir sonst auch durch körperliche Bewegung, die nun jedoch kaum mehr in ausreichendem Umfang möglich war.

Das Leben hat mich im Krankenhaus völlig überrascht und mich mit vielen Situationen konfrontiert, die ich mir vorher nie hätte vorstellen können. Es war unmöglich, für all das einen Plan in petto zu haben. Die Wiederentdeckung alter Fähigkeiten und Hobbys, die mir in der Vergangenheit Kraft und Freude gespendet hatten, half mir dabei, mein Leben neu auszurichten. Auch heute noch lasse ich mich gerne darauf ein, spontan etwas ganz anderes zu machen, um eine Gedankenspirale zu beenden oder meiner Stimmung neuen Auftrieb zu geben.

Deine Wundermittel

Überlege, worauf du zurückgreifen könntest und würdest, um deine Lebensgeister in einer schwierigen Situation zu reaktivieren.

- Was macht dir Freude? Welche Hobbys pflegst du?
- Womit hellst du im Alltag deine Stimmung auf?
- Wobei kannst du abschalten und dich von Problemen ablenken?
- Welche Hobbys und Leidenschaften hattest du früher, denen du lange nicht mehr nachgegangen bist?
- Was ist allein möglich? Wofür brauchst du andere Menschen?

Bis ich den Status „Nachher“ erreicht hatte, verging viel Zeit. Zunächst einmal beruhigte es mich, eine Erklärung für die Reaktionen meines Körpers zu haben. Dadurch konnte ich auch die Auswirkungen der Amputation abschätzen. Bezüglich meiner Körperwahrnehmung und den damit verbundenen automatischen Reaktionen greift selbst heute noch hin und wieder mein altes Körperbild. So ertappe ich mich beispielweise dabei, dass ich beim Pflegen meiner Beine meine Hände nach dem Eincremen des rechten Fußes auf gleicher Höhe nach links weiterwandern lasse, um

den linken Fuß zu bearbeiten, der gar nicht mehr vorhanden ist.
Auch bei einer 14-tägigen Ayurveda-Kur auf Sri Lanka im Jahr 2014 machte ich eine einschneidende Erfahrung in dieser Hinsicht. Über meinem Bett war ein großes Moskitonetz angebracht, das vor Insekten schützen sollte. Es war an einem Haken in der Decke mit einem Aufhängering befestigt. Eines Abends hatte ich mich wie gewohnt auf die Bettkante gesetzt, die Prothese ausgezogen und wollte wie üblich unter die Bettdecke kriechen. Ich hatte mich jedoch versehentlich auf dem Moskitonetz positioniert. Durch meine Bewegung zog ich nun den Aufhängering von dem Haken an der Decke und das Netz fiel herunter. Instinktiv drehte ich mich um, kniete mich hin und wollte mich aufrichten, um das Moskitonetz wieder aufzuhängen. Ich hatte dabei allerdings völlig vergessen, dass ich nur ein Bein zum Ausbalancieren hatte, verlor das Gleichgewicht und purzelte rückwärts aus dem Bett. Mir ist zum Glück nichts passiert und doch hat dieses Ereignis mich nicht mehr losgelassen. Ich erkannte, dass ich immer noch nicht verinnerlicht hatte, nur noch 1,5 Beine zu haben. Ich würde wohl fortan ein hohes Maß an Aufmerksamkeit und Konzentration darauf verwenden müssen, an diesen Faktor zu denken. Die eigene Körperwahrnehmung wird schon ganz früh in unserem Leben untersucht, zum Beispiel um die Schulreife eines Kindes festzustellen. Müsste ich heute wie damals ein Strichmännchen zeichnen, hätte dieses zwei vollständi-

ge Beine. Oder müsste ich jetzt 1,5 Beine zeichnen? Mein Verstand weiß, dass ich „nur“ einen Teil des linken Beines verloren habe, doch im Laufe der Zeit stellte ich nichtsdestotrotz wiederholt fest, dass diese „Unvollständigkeit“ auch Auswirkungen auf mein Selbstwertgefühl hatte. Wie viel „Angelika“ hatte ich mit dem Verlust des linken Unterschenkels eingebüßt? Was musste ich bei mir seelisch anders zuordnen?

„Sekunden nur ... und die Perspektiven des Lebens verschieben sich. Wichtig erhält eine andere Basis ...“ (Irina Rauthmann)

2 Das Leben „danach“ beginnt

Nachdem ich im Krankenhaus langsam zur Besinnung gekommen war, fiel mein Blick auf meinen Kalender. Noch 21 Tage bis zu meiner Entlassung. 504 Stunden, um mir zu überlegen, wie es weitergehen sollte. Der Countdown lief. Die Aufenthaltsdauer war ausgereizt, mehr ging nicht. Ich würde im Rollstuhl entlassen werden, so viel stand fest. Panik stieg in mir auf. Alles stürzte auf mich ein. Wohin sollte ich? Wie sollte das alles funktionieren? Womit sollte ich anfangen? Fragen über Fragen und keine Antworten. Wie schön wäre damals ein Retter in der Not gewesen, der alles geregelt hätte! Über mangelnde Hilfe von außen konnte ich mich nicht beklagen, aber die Angst vor all den Entscheidungen, die auf mich zukamen, lähmte mich. Wozu war ich denn noch in der Lage? Ich ging meinen ganzen Körper durch wie bei einem Fahrzeugcheck: Bis auf eine Platzwunde am Kopf war ich bis zu den Knien zwar nicht in einem Top-Zustand, außen und innen jedoch noch in Ordnung. Der Bruch am rechten Bein musste noch ausheilen, die Schäden am Gewebe waren mithilfe einer Lappenplastik so gut wie möglich repariert worden. Der Arzt hatte sein Bestes gegeben und mit ein paar Muskelfasern vom Unterschenkel und ein bisschen Haut vom Oberschenkel das Bein wiederhergestellt. Manchmal ist eben nur noch ein Patchwork möglich. Einen Schönheitswettbewerb würde ich mit diesem Bein nicht mehr gewinnen können. Punktabzug auch bei den Hautentnahmen am Oberschenkel – künstlerisch wertvoll waren sie nicht. Das linke Bein war nicht mehr vollständig. Ich hatte keine Ahnung, wie der Ersatz aussehen würde. In meinem bisherigen Leben hatte ich noch nie einen Amputierten gesehen. Die einzigen Bilder, die mir spontan einfielen, waren die aus blutrünstigen Abenteuergeschichten: Kapitän Ahab mit dem Holzbein, Piraten mit Augenklappen, Arme mit Enterhaken anstatt von Händen. Der Arzt hatte mir versichert, dass ein Ersatzteil völlig unproblematisch zu organisieren sei. Warum hätte ich ihm nicht glauben sollen? Ich überprüfte meine Liste und kam zu dem Ergebnis, dass meine körperliche Verfassung gar nicht so schlecht war. Auch andere Menschen hatten sich mal ein Bein gebrochen und es war schnell verheilt. Ich war bereit, eine kleine Durststrecke zu überstehen.

Wie sah es mit meinem Umfeld aus? Um in meine Wohnung zu kommen, musste ich Stufen überwinden – allein mit Rollstuhl unmöglich. Beruflich konnte ich einen Wiedereinstieg in das laufende Projekt vergessen, ich war zu lange ausgefallen. Meine Aufgaben hatten inzwischen Kollegen übernommen, da die Termine eingehalten werden mussten. Doch jetzt waren andere Dinge wichtiger. An ein neues Projekt oder eine Reisetätigkeit zu denken, war für mich jenseits von Gut und Böse. Die Quintessenz lautete folglich: keine Wohnung, keine Arbeit, kein soziales Umfeld am Wohnort, auf das ich hätte zurückgreifen können. Ich hing in der Luft, fühlte mich aufs Abstellgleis geschoben. Das normale Leben ging weiter, alle anderen brausten an mir vorbei. Wie bei einer Autopanne hoffte ich auf eine schnelle Reparatur, um wieder Gas geben zu können und mich leicht und sicher in den fließenden Verkehr einzureihen. Das erklärte Ziel: möglichst bald wieder auf zwei Beinen durchs Leben zu gehen. Mein damaliger Freund stürzte sich in die Arbeit und durchsuchte das Internet nach Informationen zum Thema Amputation. Er nahm Kontakt zu Organisationen, Selbsthilfegruppen und Vereinen auf. Es war ein Hilferuf an die Welt. Antworten tröpfelten ein, manchmal ergaben sich dadurch neue Anlaufstellen. Ich saß wie auf glühenden Kohlen, denn ich musste Entscheidungen treffen, die Zeit lief.

Allmählich lichtete sich der Nebel. Mein Freund fand eine Maßnahme, die vielleicht passte. Sie nannte sich „Früh-Reha“ und wurde ambulant durchgeführt – sogar in Hamburg. Ich war verwirrt, denn mit dem Begriff „Früh-Reha“ konnte ich nichts anfangen. Mein Freund erklärte: „Dort werden Patienten aufgenommen, die nach dem Krankenhaus noch nicht die normale Reha antreten können, so wie du!“ Ich suchte nach einem Haken, es konnte doch nicht so einfach sein. Ich war zu allem bereit, um daran teilnehmen zu können. Es gab jedoch zwei Hürden. Die erste konnte ich mit etwas Training bewältigen – ich musste in der Lage sein, Toilettengänge ohne fremde Hilfe zu bewältigen. Ich fing also an, fleißig den Transfer zu üben: vom Rollstuhl auf die Toilette, aber auch aufs Bett, auf einen Stuhl, ein Sofa, den Autositz – und wieder zurück. Die zweite Hürde war etwas schwieriger zu meistern: Ich musste eine Unterkunft mit Pflege finden. Ich entschied mich für eine Kurzzeitpflegestelle und war erleichtert. Alles war in trockenen Tüchern, für die Zwischenzeit würde es ausreichen, dachte ich. Meine Naivität war grenzenlos – und das war mein Glück. Hätte man mir gesagt, dass dieser Prozess nach der Entlassung aus dem Krankenhaus insgesamt fünf Monate dauern würde, wäre ich verzweifelt und hätte den Mut verloren, den ich brauchte, um durchzuhalten.

Der Alltag im Krankenhaus mit Transfertraining, Mahlzeiten, Visite, Verbandswechsel und Besuchen war anstrengend. Trotzdem blieb noch genügend Zeit übrig, in der meine Gedanken auf ganz andere Dinge gelenkt wurden. Wie sollte es grundsätzlich weitergehen? Wollte ich im gleichen Stil weitermachen wie bisher? Meine Kinder waren schon groß, verfolgten ihren eigenen Lebensplan. Eine Scheidung mit Nachwirkungen lag hinter mir. Während eines Persönlichkeitstrainings hatte ich gemerkt, dass ich mir oft selbst das Leben schwer gemacht hatte, und den Entschluss gefasst, stärker darauf zu achten, dass dies nicht mehr geschah. Der Abschluss lag ein gutes halbes

Jahr zurück, der Alltag hatte mich wieder im Griff gehabt, als der Unfall geschah. Was hinderte mich daran, nun endlich auf meine Bedürfnisse und Wünsche einzugehen, die bis dahin nur im Verborgenen ihr Dasein gefristet hatten? Mein Körper forderte Fürsorge ein und zeigte mir Grenzen auf. Was wollte ich vom Leben? Hatte ich bisher auch nur einen Gedanken daran verschwendet, nach dem Warum zu fragen und/oder Antworten darauf zu finden? Der Motorradfahrer hätte mich auch anders erwischen können. Ich hatte Glück gehabt. Ich hatte eine zweite Chance bekommen, etwas in meinem Leben ändern zu können. Und ich gab mir jetzt selbst die Erlaubnis dazu.

Im Laufe meiner Kindheit habe ich jede Menge Benimmregeln und Glaubenssätze verinnerlicht, die alle nach dem Schema „Das kann/darf ich nicht." beziehungsweise „Das macht man nicht." oder „Das gehört sich nicht." formuliert waren. Nach dem Unfall hatte ich jedoch genug mit mir selbst zu tun und wollte mich nicht länger an der Meinung anderer orientieren. Es war so befreiend, auf meinen inneren Kompass zu hören. Um die ausgetretenen Pfade zu verlassen, gab es immer wieder neue Möglichkeiten.

Der Krankenhausaufenthalt lag hinter mir, die Früh-Reha hatte begonnen. Ich war in der Kurzzeitpflege und hatte nur das Nötigste dabei. Es reichte, doch „zu Hause sein" war etwas anderes. Ich wollte daher wenigstens in Abständen „zu Besuch" in meine Wohnung zurück, ein Stück Normalität tanken. Das ging allerdings nicht allein. Mein Freund schob öfters den Rollstuhl mit mir als Zugabe die Stufen zu meiner Wohnung hoch. Ich kann mich noch gut an den 14.12.2012 erinnern – meinen Geburtstag. Ich hatte mit meinem Freund in einem netten Restaurant zu Abend gegessen. Als wir das Lokal verließen, war es schon dunkel. Im Radio wurde vor Eisregen gewarnt, der in Hamburg und Umgebung niedergehen sollte. Wir überlegten. Sollten wir es wagen, noch die 40 km bis zu meiner Wohnung zu fahren? Mein Freund verstand und erfüllte mir meine stumme Bitte. Wir fuhren vorsichtig los und kamen ohne besondere Vorkommnisse bei mir an. Wir hatten uns den Eisregen anders vorgestellt. Doch er war auch hier heruntergekommen. Die Stufen vor meinem Haus waren glatt, ein dünner Eisfilm hatte sich daraufgelegt. Die ersten Stufen schaffte mein Freund, doch dann rutschte der Rollstuhl immer wieder weg, denn die Reifen hafteten nicht auf dem glatten Untergrund. Mein Freund setzte sein ganzes Körpergewicht ein, aber er hatte keine Chance. Der Rolli ließ sich nicht weiter nach oben schieben. Es waren nur noch wenige Stufen, wir waren kurz vorm Ziel! Ich malte mir gar nicht erst aus, wie ein Zurück auf der glatten Treppe aussehen würde. Es gab nur eine Lösung: Unter dem Protest meines Freundes ließ ich mich ganz vorsichtig aus dem Rolli gleiten, achtete dabei darauf, mein rechtes Bein nicht zu belasten. Auf allen Vieren krabbelte ich die Stufen zur Wohnungstür hoch und schloss im Kniestand auf. Von meiner

Last befreit, schaffte es mein Freund mit dem Rolli nach oben. Er haderte mit sich selbst. Er hätte es gerne anders gelöst – vor allem für mich. Mit meiner Aktion hatte ich ihn jedoch vor vollendete Tatsachen gestellt. „Das ist doch würdelos!“, brach es aus ihm heraus. Dieser Ausruf beschäftigte mich noch lange. Ich fragte mich, was ich mit „Würde” verband. In Anlehnung an das Grundgesetz formulierte ich schließlich für mich: „Meine Würde ist unantastbar – egal, in welcher Form ich mich fortbewege.”
Das gilt auch für eine Episode, die ich später im Rahmen eines Seminarbesuchs erlebte. Nach dem Unfall hatte ich immer wieder mit dem Gedanken gespielt, Heilpraktikerin für Psychotherapie zu werden. Ich wusste auch schon genau, welche Therapien ich anbieten würde. Die Richtungen Traumatherapie und Hypnose zogen mich magisch an, denn ich hatte die Wirkung dieser Praktiken schon an mir selber erfahren. Ein Heilpraktiker fällt allerdings nicht vom Himmel. Ich wollte mir daher zunächst einen Überblick über den Lernstoff verschaffen und buchte kurzerhand ein Intensivseminar zur Prüfungsvorbereitung in München. Das Glockenbachviertel kannte ich noch von meinen vergangenen Projekten in München. Ich freute mich darauf, wieder dorthin zu kommen. In der langen Mittagspause während des Seminars, ging ich frische Luft schnappen und streifte durch die Straßen des Viertels. Beim Gehen merkte ich, dass meine Prothese irgendwie locker war. Ich schaute mich nach einem Sitzplatz um: Wo konnte ich mich hinset-

zen, wo war ich ungestört? Wenige Meter weiter war eine kleine Grünanlage mit einem Spielplatz, der um diese Uhrzeit noch menschenleer war. Ich steuerte ihn an und setzte mich dort auf eine Bank. Ich hatte eine Cargohose an, brauchte daher nur das Hosenbein hochzukrempeln, um nach der Prothese zu sehen. Ich nahm an, dass sich der weiche Silikonliner, der den Stumpf meines Beines mit der Prothese verband, irgendwie verschoben haben musste. Ich zog ihn morgens wie einen Strumpf über meinen Stumpf. Er reichte bis zur Mitte des Oberschenkels und sorgte dafür, dass die Prothese am Bein hielt. Als ich ihn sah, stockte mir der Atem. Was war denn das? Ich erblickte einen Querriss im Liner, etwas Hautfarbenes war zu sehen – mein Knie! Kein Wunder, dass die Prothese nicht mehr hielt. Ich bewegte das Bein. Zu meinem Entsetzen vergrößerte sich der Riss dabei mit rasender Geschwindigkeit. Dann ging gar nichts mehr. Wie sollte ich nun dort wegkommen? Prothese ausziehen und hüpfen? Zu anstrengend, denn ich hätte mir die Prothese unter den Arm klemmen müssen. Mir fiel eine andere, einfachere Lösung ein. Ich hielt mit beiden Händen die Prothese am Bein fest. Das ging nur in gebückter Haltung. So humpelte ich in das nächste Geschäft, einen Lebensmittelladen. Dort ließ ich mir ein Taxi rufen. Im Stillen dankte ich meiner Intuition, denn ich hatte mir vorsichtshalber für diese Reise einen Ersatzliner in den Koffer gepackt. Der einzige Wermutstropfen war, dass sich dieser bei meiner Freundin, wo ich

für die Zeit des Seminars wohnte, im 14 km entfernten Taufkirchen befand. Nach der Ankunft stützte mich der Taxifahrer bis zur Wohnungstür. Anschließend wartete er im Auto, bis ich den neuen Liner angezogen hatte. Dann ging es zurück nach München. Der Schrecken steckte mir noch lange in den Knochen.
Manche Angewohnheiten behält man bei. In meiner Jugend hatte ich für den Notfall, dass in meiner Strumpfhose eine Laufmasche lief, ein Paar Ersatzstrümpfe mitgenommen. Später waren es frische Windeln für meine Kinder und nun war es ein Ersatzliner. Der einzige Unterschied war: Die „Ersatzteile" und somit die Taschen wurden größer.

2019 nutzte ich die Auszeit im Rollstuhl nach meiner Stumpfkorrektur, um in meinem Zahnbereich für Ordnung zu sorgen. Diverse Kiefer-OPs standen an. Der Transfer vom Rollstuhl auf den Behandlungsstuhl ging ganz einfach, denn ich konnte dabei das rechte Bein einsetzen. Der Stuhl war schon in Liegeposition eingestellt, sodass ich es mir direkt bequem machen konnte. Der Kieferchirurg arbeitete nach dem ganzheitlichen Ansatz und setzte auf Eigenblut zur Stärkung des Immunsystems. Dafür musste vor der Operation Blut abgezapft werden. Die Armmanschette wurde mir rechts angelegt. Da fiel mir siedend heiß ein, dass die Schwestern im Krankenhaus bei der Blutentnahme auf der rechten Seite mehr als einmal gescheitert waren. Einem Pfleger, der mir imponieren wollte und sagte, bei ihm sei jede Nadel ein Treffer, hatte ich dadurch sogar die Statistik ruiniert. Der Kieferchirurg wollte es mir zunächst nicht glauben, doch da rollte sich auch schon die Vene weg. Der Arm auf der Gegenseite musste also angezapft werden. Dies war jedoch ohne Veränderung meiner Sitz- beziehungsweise Liegeposition nicht möglich, denn die andere Seite war aufgrund der üblicherweise um einen Zahnarztstuhl drapierten Apparaturen nicht zugänglich. Der Arzt und ich überlegten, wie ich ihm trotzdem meinen linken Arm zur Verfügung stellen konnte. Ich hätte mich im Sitzen so verdrehen können, dass es irgendwie gegangen wäre – bequem gewesen wäre das allerdings nicht. Kein Problem, dachte ich, machte kurzerhand auf dem Sitz einen U-Turn und hängte meine Beine über die Rückenlehne. Meinen Kopf bettete ich auf den Fußbereich und streckte dem Arzt ganz entspannt meinen linken Arm entgegen. Er war verdutzt über mein Wendemanöver. Wir mussten beide herzhaft lachen. So etwas hatte er bei einer Patientin noch nicht erlebt. Und so etwas hätte auch ich mich früher, als Zweibeiner, nicht getraut.

Schon im Krankenhaus hatte ich mit dem Überprüfen von Glaubenssätzen und dem Überschreiten von „Anstandsregeln“ begonnen und war damit inzwischen sehr erfolgreich. Auf die Fragen „Warum bin ich auf der Welt?“ und „Welcher Lebensaufgabe stelle ich mich?“ hatte ich allerdings immer noch keine Antwort gefunden. Ob es anderen auch so ging? In meinem Bekanntenkreis bemerkte ich, wie Tod oder Krankheit eines geliebten Menschen das Leben der Angehörigen durcheinanderwirbelten. Viele Dinge, die früher wichtig gewesen waren, verloren dadurch an Bedeutung. Manche Menschen erzählen davon, wie in solchen Momenten das Leben im Zeitraffer an ihnen vorbeizieht. An bestimmten Stellen drücken sie kurz die Stopptaste, um innezuhalten und sich zu erinnern. Eine gemeinsame Reise, die nie umgesetzt wurde, ein Treffen, das oft verschoben wurde ... Hinterher ist man immer schlauer. Eine beliebte Aufgabe in Persönlichkeitsseminaren ist, das eigene Leben vom Ende her zu betrachten, die eigene Grabrede zu schreiben. Für mich war das sehr heilsam. Mir wurde bewusst, dass so viele Jahre vergangen waren, von denen ich so wenig in den Händen hielt. Dadurch bin ich aufgerüttelt worden, doch viel hatte sich noch nicht verändert. Das wurde mir im Krankenhaus klar. Wenn nicht jetzt, wann dann, sagte ich mir daher. Meine Grabrede war mir zu mager. In dem verbleibenden Teil meines Lebens wollte ich diesem mehr Sinn gegeben. Ich weiß, dass jeder etwas anderes darunter versteht. Für mich war und ist die Formel „etwas mit Menschen und für Menschen tun" wichtig. Denn ich möchte, dass sich andere gerne an mich erinnern, an unsere gemeinsamen Erlebnisse, unser Lachen, Impulse, die sie aus dem Beisammensein mit mir mitgenommen haben. So fühlt es sich für mich an, Zeichen zu setzen,

Spuren zu hinterlassen. Ich will jeden Tag, jede Stunde ein wenig mehr mit Menschen in Verbindung treten – auf der emotionalen Ebene, weniger auf der reinen Sachebene. Wie gut haben mir ein Lächeln, ein freundliches Wort im Krankenhaus getan, wie bereichernd war ein gemeinsames Lachen in dieser schwierigen Zeit. Diese Wirkung konnte kein Reha-Programm erreichen. Nach meinem Unfall bin ich beruflich eine Zeit lang zweigleisig gefahren. Ich war in IT-Projekte eingebunden und parallel dazu auf der Suche nach meiner zukünftigen Arbeit. Ich hatte mich verändert, daher war es kein Zufall, dass mich meine bisherigen Projekte nicht mehr erfüllen konnten. Es machte mir nach wie vor Spaß, zu tüfteln und nach Lösungen zu suchen, doch meine Seele wurde dabei nicht satt. Der liebevolle, konstruktive Umgang miteinander kam zu kurz.

Selbstreflexion

Wie geht es dir? Ist das Leben für dich rund? Wovon wünschst du dir mehr, wovon weniger?

Ich hatte noch im Krankenhaus einen Vertrag mit mir geschlossen, der folgende Punkte enthielt (Punkt 3 kam etwas später hinzu):

1. Alles tun, was ich bisher noch nicht gemacht habe.
2. Keine faulen Kompromisse mehr eingehen.

3. Jedes Jahr etwas Besonderes nur für mich ausrichten – als Wertschätzung der Veränderungen, die der Unfall eingeleitet hatte.

Eine Liste aufzustellen mit dem, was ich in meinem Leben bislang noch nicht gemacht hatte, war relativ einfach. Ich ließ mich dabei in einem ersten Schritt von meinen Ängsten leiten. Eine Angst stand ganz oben – die vor Hunden. Selbst ein Hund im Handtaschenformat konnte mich zum damaligen Zeitpunkt zur Salzsäule erstarren lassen. Meine Beziehung zu Hunden war immer etwas unglücklich gelaufen. Das erste Mal gebissen wurde ich im Alter von zwei bis drei Jahren, dann mit 20 und 24 erneut. Schon wenn ein Hund nur bellte oder auf mich zusprang, brach bei mir der Schweiß aus. Aus jeder Pore kam die Angst. Bei einem Ausflug mit meiner Familie hatten wir bei einem Spaziergang die Orientierung verloren. Der Weg, auf dem wir uns befanden, führte zu einem Bauernhaus. Dort schlugen Hunde an, es waren große schwarze Hunde. Ich konnte nicht dazu überredet werden, weiterzugehen. Ich kämpfte mich stattdessen durch die Büsche – stachelige Sanddornbüsche – und suchte einen anderen Weg. Dass die Stacheln mein Gesicht und meine Hände zerkratzten und durch meine Kleidung drangen, nahm ich in Kauf. Ich kam zerschunden und vollkommen erschöpft in unserer Ferienwohnung an. Ein Survivaltraining hätte nicht schlimmer sein können.

Das nächste Mal, dass ich wegen eines Hundes Herzrasen bekam, war vier Jahre später. Mein damaliger Mann und ich besichtigten ein Haus, das zum Kauf angeboten war. Dieses war ein Klinkerbau mit einem großen eingezäunten Garten. Der Besitzer hatte mehrere Hunde, von denen wir beim Betreten des Grundstückes allerdings nichts mitbekommen hatten. Wir saßen am Esszimmertisch bei einem Kaffee und besprachen die Einzelheiten. Plötzlich spürte ich einen warmen, weichen Atem in meinem Nacken. „Das ist nur die Kleine", meinte der Besitzer. Es war eine große schwarze Dogge, die meinen Hals beschnupperte. Ich wagte nicht, mich zu bewegen, und war dankbar, dass wir die Kinder nicht mitgenommen hatten.
Auch im Wald wurde ich immer wieder mit Hunden konfrontiert, wenn ich Pilze suchte und dabei durchs Unterholz streifte. Woher sollte ich wissen, ob sie mich nicht als Jagdbeute ansahen? Während ich mir überlegte, wie ich den nächsten Baum entern konnte, kam mir stets ein fröhliches „Der tut ja gar nichts!" entgegen.
Das sollte sich nun ändern. Durch Zufall las ich im Internet einen Artikel über Angst vor Hunden. Ein Reporter einer Hamburger Zeitung, ein Leidensgenosse in Sachen Hund, hatte seine Angst erfolgreich bekämpfen können. Unter der Überschrift „Wie ich lernte, meine Feinde zu lieben" berichtete er von einem Hundezüchter, der es sich zur Aufgabe gemacht hatte, Menschen die Angst vor Hunden zu nehmen. Sein Erfolgsrezept: positive Erfahrungen mit Hunden

herbeiführen. Der Reporter schien danach wirklich keine Berührungsängste mehr zu haben. Und das Beste war, dass dieser Hundezüchter in Hamburg ansässig war. Sein Name war im Artikel angegeben, die Telefonnummer fand ich heraus. Am nächsten Tag rief ich ihn an. Es stellte sich heraus, dass Helmut – so hieß der Züchter – seine Zucht aus Altersgründen aufgegeben hatte. Er habe aber noch eine Hündin und ich könne gerne kommen, er habe Zeit, sagte er. Erwähnte Hündin war kein „Angsthund", ganz im Gegenteil – ein Golden Retriever. Wir machten zusammen einen Spaziergang durch ein kleines Wäldchen, ein Freilaufgelände für Hunde. Helmut war immer an meiner Seite, die Hündin genoss den Auslauf sichtlich. Beeindruckt war ich von einem kräftigen Berner Sennenhund, der zwischen den Bäumen hervorsprang. Mit einem kraftvollen Biss zerkleinerte er entschlossen einen Ast, den ihm sein Besitzer zugeworfen hatte. Ganz wohl war mir nicht dabei, der Ast war nicht viel dünner als mein Arm. Ich war froh, Helmut an meiner Seite zu haben. Bei unserer nächsten Begegnung ging es auf einen Hundeübungsplatz. Dort fand ein Treffen von Golden Retrievern mit ihren Besitzern statt. Nach Abschluss der Übungen tobten zehn Hunde aller Altersklassen und jeglicher Größenordnung ausgelassen auf dem Platz und spielten miteinander. Ich war froh, dass ich neben dem Spielfeld stand. Nach diesen beiden Erfahrungen hatte sich jedoch etwas verändert. Als ich danach eine Freundin besuchte, fragte sie mich an der Haustür: „Hast du etwas gegen Hunde?“ „Es kommt darauf an, wie groß sie sind“, war meine Antwort. Da kamen sie angeflitzt, sprangen vor Freude in die Höhe, wollten mit mir spielen, stupsten mich immer wieder an. Ich kam aus dem Lachen nicht mehr heraus. Der erste Schritt zum Sieg über meine Angst war getan.

Im großen Blumenstrauß der To-dos waren als weitere Tiere, vor denen ich Angst hatte, Pferde aufgeführt. Ein Ausritt in einer Gruppe, ohne jemals auf einem Pferd gesessen zu haben, hatte bei mir Todesängste ausgelöst. Auch in dieser Hinsicht ist der Anfang gemacht, um näher mit den Tieren in Kontakt zu kommen.

Ein anderes Feld sind Glaubenssätze. So begleitete mich beispielsweise, obwohl ich früher im Schulchor war, der Satz: „Angelika, du kannst nicht singen.” Ich nahm daher Stunden bei einem Gesangslehrer, die mir viel Spaß gemacht haben.

Was ich ebenfalls noch nie gemacht hatte, war, alleine zu verreisen. Das ist für viele Menschen etwas ganz Normales. Für mich nicht – ich war bis dahin immer von meiner Familie oder Freunden begleitet worden. Auch das musste daher geübt werden, denn Urlaub ohne Anhang kannte ich nicht. Ich wagte mich über einen Zwischenschritt vorwärts. Ich wollte in ein fremdes Land reisen, dort aber an einem Gruppenevent teilnehmen. 2017 war es dann soweit: Ende Januar ging es nach Auroville in Indien zu einem Chakra

Dance Retreat. Ich kannte nur die Trainer bereits aus anderen Workshops. Und aus dem Yoga die Energiezentren im Körper, die Chakren. Bei diesem Event war jedem dieser Körperchakren ein Tag mit Yoga und Tanz gewidmet. Jedes Chakra wird durch eine andere Farbe dargestellt: Rot für das Wurzelchakra – es liegt im Schritt zwischen Anus und Genitalien. Orange für das Sakralchakra, das sich eine Handbreit unter dem Bauchnabel befindet. Gelb für das Solarplexuschakra, das etwa in Höhe des Magens liegt. Grün für das Herzchakra – es befindet sich nahe dem Herzen, Blau für das Halschakra in Höhe des Kehlkopfes, Violett für das Stirnchakra, das sich in der Mitte der Augenbrauen befindet, und Weiß für das Kronenchakra, das einige Zentimeter über dem Scheitelpunkt des Kopfes liegt. Vor der Abreise überlegte ich, was ich an Klamotten mitnehmen sollte. Passend zu den Chakren wollte ich für jeden Tag eine Kombination aus Hose und Top in einer anderen Farbe, die zudem tanztauglich sein sollte. Ich machte mich voller Vorfreude an die Arbeit: Ich nähte mir Hosen in jeder Farbe und wählte entsprechende Oberteile aus. Vom Outfit her war ich nun bestens vorbereitet. Ich machte mir jedoch Gedanken, ob ich mit Prothese beim Tanzen mithalten konnte. Eine ABS-Socke am Prothesenfuß sollte dessen Wegrutschen verhindern. Die Reise war dann ähnlich einem Überraschungsei: Spannung, Spiel und Spaß – nur ohne Schokolade. Es war wie im Märchen – das Tanzen, die Farben, das Essen, die Ausflüge, die anderen

Teilnehmer aus den unterschiedlichsten Ländern. Trotz Hitze gab es keine Probleme mit meinem Stumpf – ich war rundum glücklich. Gerne wäre ich noch etwas dageblieben, doch die Arbeit wartete auf mich. Ich trat daher voller neuer Eindrücke die Heimreise an. Mein Handy hingegen beschloss, noch etwas länger in Indien zu bleiben – ich hatte es kurz vor der Abreise zum Aufladen noch an eine Steckdose angeschlossen und in der Eile vergessen. Als das Taxi, das mich zum Flughafen bringen sollte, kam, stieg ich ein – mein Handy blieb zurück. Ich hatte jedoch Glück im Unglück. Nicht alle Teilnehmer reisten zur gleichen Zeit ab. Eine Hamburgerin blieb ein paar Tage länger. Sie brachte mir mein Handy wohlbehalten eine Woche später mit. Ich nahm es am Flughafen in Empfang.

Im Laufe der Jahre wurde ich immer freier. Viel Neues kam in mein Leben. Ich traute mir Dinge zu, von denen ich früher noch nicht einmal geträumt hatte. Mein Leben ist dadurch sehr bunt geworden. Auch dieses Buch wäre sonst wahrscheinlich nicht entstanden. All das hatte der Unfall ins Rollen gebracht. Das feiere ich regelmäßig. Das „Remembering“ findet meist im Herbst statt. Bisher habe ich mir mehrmals einen Fallschirmtandemsprung, ein Body-Painting und zuletzt einen Aerial-Yoga-Kurs gegönnt. Mir ist dieses Ritual sehr wichtig, darum gebe ich mir immer viel Mühe, etwas Außergewöhnliches dafür zu finden.

„Es muss nicht immer alles Sinn machen. Oft reicht es schon, wenn es Spaß macht!“ (Autor unbekannt)

„Du wünschst dir Orientierung? Frag das Kind, das du einmal warst.“ (Stefan Rogal)

3 Alles, was geht

Wieder gehen lernen nach der Zeit im Rollstuhl – das konnte doch nicht so schwer sein! Ich hatte das Laufen zuvor schließlich mehr als ein halbes Jahrhundert lang geübt. Vielleicht waren die Muskeln etwas eingerostet, mit ein wenig Training sollte das jedoch leicht zu beheben sein. Ich überlegte: Wie machten es Kinder? Erst trainieren sie im Vierfüßlerstand, dann ziehen sie sich an einer Kante hoch und versuchen, das Körpergewicht auf die Füße zu verteilen, zu stehen. Es folgen erste Schritte mit Festhalten, um nicht vom Schwung des eigenen Körpers mitgerissen zu werden, ... und immer wieder gehen sie in die Krabbelposition zurück, wenn es zu anstrengend wird. Irgendwann geht es von selbst, das ist die normale Entwicklung. Über ein „richtiges" Gehen hatte ich mir nie Gedanken gemacht. In meiner Kindheit wurde sonntags beim Spaziergang vor dem Kaffeetrinken mit einem Regenschirm oder einem Wanderstock geübt: Der Rücken musste gerade sein, Schultern nach hinten, Brust raus. Beim Ballett kam das Training der Fußstellung dazu – nach außen gedreht, viel auf den Zehenspitzen. Schon damals kündigte sich bei mir ein Knick-Senk-Spreizfuß an. Fußgesundheit war noch nicht so en vogue wie heute, das probate Mittel zur Therapie waren Einlagen, die nur in besonders hässliche Schuhe passten.

Gehen lernen als Erwachsener ist viel schwieriger. Orthopädisch korrektes Gehen – eine Wissenschaft für sich. Meine Therapeuten hatten keinen Bezugspunkt, denn sie kannten meine Art zu gehen von vor dem Unfall nicht. Zuerst übte ich am Barren, dann mit Krücken, dann mithilfe von Nordic-Walking-Stöcken, dann ohne Hilfsmittel. Alles in „slow motion“ – in Zeitlupe Fuß aufsetzen, abrollen, Hüftstellung und Gewichtsverlagerung kontrollieren, Po zusammenkneifen, Kopf hoch und so weiter. Ich war überfordert, mir all das bei jedem Schritt vor Augen zu halten. Wenn ich mit der Kontrolle des Oberkörpers beschäftigt war, vergaß ich die Füße und umgekehrt. Ich wollte einfach nur wieder gehen können, nicht auf den Laufsteg. Ein lasziver Hüftschwung hätte schon was gehabt – aber den übte ich nicht. Bald merkte ich, wie wichtig die Gehschule war. Meine erste Prothese bestand aus einem Schaft und einem Fuß mit einer Carbonfeder. Mein Körper reagierte auf jede Bewegung sofort: Ein Schritt mit dem rechten Fuß war mir vertraut, links gab es hingegen kein Sprunggelenk und ich musste Unebenheiten des Bodens mit dem Knie abfangen. Gehen wie von selbst – schwierig. Ich verlagerte mein gesamtes Gewicht auf das gesunde Bein, da ich wenig Vertrauen zu meiner Prothese hatte. Mein neues linkes Bein verhielt sich nicht so wie das alte. „Der Körper muss sich daran gewöhnen“, tröstete ich mich. Doch daraus wurde nichts, ganz im Gegenteil. Ich reagierte immer empfindlicher auf Änderungen in der Statik – wie eine Prinzessin auf

der Erbse. Ich war ständig im Sanitätshaus beim Orthopädietechniker, so oft, dass ich dort ein Feldbett hätte aufstellen können.
Als wichtigste Person im Leben einer Frau gilt meist der Friseur. Auf meiner Liste stand noch davor der Orthopädietechniker. Er war der Schlüssel zu meiner Mobilität, der Passgenauigkeit des Schaftes, der Verminderung von Haltungsschäden. In der ersten Zeit habe ich über diese Bindung gestöhnt. „Das ist ja mehr als eine Ehe“, seufzte ich. Inzwischen bin ich in meiner „zweiten Ehe“ sehr glücklich, wir führen eine Fernbeziehung, ein Feldbett ist nicht mehr erforderlich. Wir sind ein eingespieltes Team, die Vertrauensbasis stimmt. Ich würde meinem Orthopädietechniker überallhin folgen. Die 480 km bis nach Thüringen sind es mir allemal wert, ich wünsche ihm von Herzen eine gute Gesundheit und ein langes Leben. Eine Freundin schlug mir im Scherz eine andere Lösung vor: „Heirate doch einen Orthopädietechniker, dann bist du bestens versorgt.“ Ich wehrte ab: Denn wer holte sich schon gerne die Arbeit nach Hause und das auch noch im Rentenalter? Ich hätte lieber ein Konzept in Richtung „24/7 – wir sind immer für Sie da“ gehabt, doch so etwas wird in dieser Branche noch nicht gelebt.

Viele Informationen strömten auf mich ein, ich kam mir vor, als hätte ich einen neuen Job übernommen, Ressort „Amputation”. Ich hatte doch noch etwas anderes zu tun, wollte mich langsam wieder auf meinen normalen Alltag einlassen. Ich steckte in einer Zwickmühle. Wenn ich Verantwortung für meinen körperlichen und mentalen Zustand übernehmen wollte, musste ich mich über viele Themen informieren: den Aufbau der körperlichen Fitness, die Stabilisierung der mentalen Gesundheit, neues Wissen aus der Forschung zum Thema Amputation, Sozialrecht, Netzwerke. Nur so konnte ich mich selbst optimal unterstützen. Doch ich zögerte zunächst, denn ich wollte es gerne bequem haben. Ich sah einen riesigen Aufgabenberg vor mir. Innerlich begann das Gedankenkarussell, sich zu drehen. Sich als Laie dadurch zu kämpfen – unmöglich! Ich stand erst ganz am Anfang. Die Angst reiste im Unterbewusstsein mit. Wie konnte ich damit umgehen, wenn ich auf unangenehme Wahrheiten stieß? Konnte ich sie annehmen oder würde ich lieber die Augen davor verschließen? Die Alternative, sich nur auf andere verlassen zu müssen, kam für mich gar nicht infrage. Ich spürte den Druck und um nicht unterzugehen, beschloss ich, zu einem Trick zu greifen. Meine Angst mochte ich nicht wegdrücken, denn wie jeder Mensch wollte ich mich sicher, geborgen und behütet fühlen. Den inneren Kritiker, der alles runterzieht, kannte ich zur Genüge. Wenn ich mir hingegen eine liebevolle innere Instanz, einen Mentor, Coach, Trainer zur Seite stellen würde – das wäre ein Ausweg. Ich erinnerte mich an einen Artikel mit dem Titel „Warum wir alle einen Mentor haben sollten", den ich einst gelesen hatte. Es ging darin um den beruflichen Bereich, doch Mentoren-Tandems können überall zum Einsatz kommen. Warum sollte so etwas nicht für meine innere Welt funktionieren? Damit würde ich mich im ersten Schritt auf den sachlichen Inhalt einer Nachricht konzentrieren und nicht gleich im Meer der Betroffenheit ertrinken. Ich war stolz auf mich, fühlte mich gut in der Rolle des Projektleiters, der sein Team für eine neue Aufgabe aufbaut. Dem inneren Mentor habe ich keinen besonderen Namen gegeben, für mich war diese Instanz einfach mein „Trainer-Ich".

In meiner Selbsthilfegruppe gibt es manchmal Nachfragen von Schülern, die sich im Rahmen einer Projektarbeit für Amputierte interessieren. Eine Frage auf einem Fragebogen lautete: „Können Sie sich vorstellen, eine Prothese wie CYBERLEG, die ein autonomes Gehen ermöglicht, oder eine bionische Prothese zu tragen?" Die Schülerin, von der der Fragebogen stammte, hatte gut recherchiert. „Ein Gruß aus der Zukunft", dachte ich bei mir. Ersatzteile wie aus Science-Fiction-Filmen sehen nicht nur cool aus, sie gehen zum Teil in ihrer Funktionalität sogar über das Original hinaus. Auch Veranstaltungen wie die Paralympics und der Cybathlon suggerieren, dass bereits eine Symbiose von Mensch und Maschine möglich ist. Der Verlust eines Körperteils ist kein Problem mehr, er kann mehr als kompensiert werden – ein schöner Ausblick, eine Hoffnung. Die Frage in dem Fragebogen war legitim, eine kleine Meinungsumfrage. Für mich war sie jedoch ein Stochern in einer offenen Wunde. Mit Handkuss hätte ich alles angenommen, was den Funktionsverlust ausgleichen konnte. Doch die Realität sah anders aus. Technisch war und ist schon vieles möglich, aber die Betroffenen profitieren nicht davon. Meine Prothese ist zwar kein Holzbein mehr, doch das Grundsystem für eine Unterschenkelprothese hat sich seit Ewigkeiten nicht geändert: Schaft, Rohr, Fuß. Elektronische Füße, die das Gehen erleichtern, gehören nicht zum Standard. Sportprothesen sind Luxus, keine Kassenleistung. Das Ringen um die einzelnen Komponenten ist allerdings kein Selbstzweck: Bewegung ist lebensnotwendig für alle Körperfunktionen. Das Gehen soll leicht sein, der Abbau von Muskeln möglichst gering gehalten werden. Die Bewilligung von Prothesen erfolgt jedoch nach der Devise „so viel wie nötig – so wenig wie möglich" und nicht nach dem Grundsatz „optimale Versorgung zur Kompensation des Verlustes".

„Ich habe ja auch keinen Anspruch auf einen Porsche!", höre ich oft, wenn ich mich über meine Prothesenversorgung beklage. „Optimale Versorgung" bedeutet allerdings nicht „Porsche". Was für mich die Prothese ist, ist für dich der Schuh. Nach einer Studie aus dem Jahr 2017 hat ein Mann durchschnittlich zehn, eine Frau etwa zwanzig Paar Schuhe im Schrank: Hausschuhe, Schuhe fürs Büro, elegante Schuhe, Freizeitschuhe, Badelatschen, Sportschuhe und Winterstiefel. Stell dir vor, ab sofort müsstest du dir

deine Schuhe genehmigen lassen. Die Krankenkasse ist bereit, dir EIN Paar Schuhe zu finanzieren, Mehrzweckschuhe, ein Paar Schuhe für alle Fälle. Wenn du ganz viel Glück hast, bekommst du obendrein ein paar Badelatschen. Diese Schuhe müsstest du dann so lange tragen, bis sie nicht mehr passen. Könntest du dich mit einer solchen Regelung anfreunden? Es gibt noch einen anderen Punkt, der bisher nicht berücksichtigt wurde: Die Verbindung zwischen dem Bein und der Prothese ist die „Schwachstelle" des gesamten Systems. Sie entscheidet über die Passgenauigkeit. Kann keine ausreichende Haftung über den Schaft erzielt werden, ist die Prothese wertlos – wie ein Schuh, der dir nicht passt und deshalb aussortiert wird. Ich glaube fest daran, dass es zukünftig neue Möglichkeiten der prothetischen Versorgung geben wird, offen ist – wie in anderen Bereichen auch –, inwieweit diese für alle Betroffenen zur Verfügung stehen werden.
Das Gehen mit Prothese verlangt eine starke Konzentration von mir. Auf Unebenheiten des Bodens zu achten, kostet mich viel mehr Energie als früher. Über Kopfsteinpflaster zu laufen, ist für viele Menschen eine Herausforderung. Meist geht es dabei um die Zwischenräume, in denen sich ein Absatz verfangen kann. Bei mir hingegen ist es der Balanceakt mit dem Prothesenfuß, der eine starre Sohle hat, die das Gehen auf einem solchen Untergrund für mich anstrengend macht. Früher düste ich durch die Gegend, heute hängt es von der Tagesform ab, wie ich mich bewe-

ge. Mein „Trainer-Ich" möchte gerne meine Kondition verbessern und dann auf einem entsprechenden Niveau halten. Ich bin da eher skeptisch. Ich lerne, Pausen einzubauen und mir meine Energie einzuteilen. Wie jeder Mensch kann auch ich alle guten Vorsätze über Bord werfen und obendrein meine Einschränkungen vergessen. Ohne Rücksicht auf Verluste stürze ich mich dann ins Abenteuer – zum Beispiel meine obligatorische Pilzjagd im Herbst. Nichts hält mich zurück. Ich muss durchs Unterholz und bleibe dabei auch immer mal wieder an einer Wurzel oder einem Ast hängen, stolpere, stürze. Aber die Glücksgefühle sind für mich überwältigend, das Risiko nehme ich gerne in Kauf. Die Liebe zu Pilzen stammt aus meiner Studentenzeit – im Harz bin ich damals oft durch die Wälder gestreift. Ein Pilz steht selten allein. Vor allem bei Maronen und Steinpilzen reicht es meist aus, einen ersten Pilz zu entdecken und dann die Umgebung systematisch abzusuchen, um reiche Beute zu machen. Ich liebe die weichen Grashalme, den Geruch des Waldbodens und der Pilze. Staunend nehme ich beim Pilzesammeln die Schönheit der Umgebung wahr – so stelle ich mir einen Zauberwald vor: Lichtreflexe erschweren die Suche, bringen die Tautropfen an den Spinnenfäden zum Glitzern und lassen die Fliegenpilze wie gemalt aussehen. Es gibt Hexeneier, Totentrompeten, Eselsohren, Krause Glucken – die Namen könnten direkt einer Märchenerzählung entstammen. Wenn ich auf

diese Weise durch die Wälder streife, bin ich eins mit der Natur und völlig mit mir im Reinen.
Mit der Zeit lernte ich die kleinen Vorteile meiner Prothese kennen und schätzen. Prothesenfüße sind nicht nur zum Laufen da! Bei meinem Umzug galt es beispielsweise, schwere Kisten anzuheben. Der Prothesenfuß leistete mir dabei als Hebel gute Dienste. Eine Kiste rutschte mir aus den Händen, fiel mir auf den Fuß. Ich hatte Glück, denn es war der linke. Folglich spürte ich keinen Schmerz und konnte einfach weiterarbeiten. Trotz aller Begleiterscheinung, die das Tragen einer Prothese mit sich bringt – ich bin dankbar dafür, dass ich sie habe und mit ihrer Hilfe aufrecht durchs Leben gehen kann.

Meine über 20-jährige Berufserfahrung in der EDV zahlte sich nun beim Leben mit der Prothese aus. Viele Dinge waren mir im beruflichen Alltag in Fleisch und Blut übergegangen: strukturiertes Arbeiten, die Ist-Analyse, die genaue Beschreibung eines Zieles, die Planung, wie sich dieses sicher und auf dem kürzesten Weg erreichen ließ, und schließlich die Umsetzung. Fehlerfreiheit anzustreben in dem Wissen, dass es dieses Paradies nicht gibt, und Ideen für Lösungswege zu entwickeln, zählten ebenfalls dazu. Mein „Trainer-Ich“ entwickelte also für das Gehtraining einen Projektplan. Die Einschränkung beim Gehen war die Ausgangsbasis, meine Zielvorstellungen waren konkret: zügig wieder gehen können, wieder tanzen und als Sahnehäubchen das Boxtraining wieder aufnehmen. Kurzer Quercheck: Waren diese Ziele smart? „Ja", jubelte ich innerlich. Sie waren spezifisch, messbar, akzeptiert, weil attraktiv, realistisch und terminiert. Mir fehlte jedoch die Erfahrung, wie lange ich für die Erreichung brauchen würde. Ich setzte mir ein knappes Jahr als Rahmen, das fühlte sich gut an. Doch der Wunsch war Vater des Gedankens. Im Gegensatz zu IT-Projekten hatte ich mir keine Gedanken über mögliche Risiken gemacht, keine Zeitpuffer eingebaut. In der Projektarbeit wird inzwischen auch „mit der heißen Nadel gestrickt": Termine stehen am Anfang schon fest, bei Bedarf wird der Aufgabenumfang gekürzt, wenn die Zeit nicht reicht. Und wenn neue Anforderungen dazu kommen, wird das nächste Projekt angestoßen. In diesem Zuge werden auch Fehler bereinigt. Nach diesem Schema lief mein Leben dann auch – denn Störungen gab es genug: OPs, Blasen am Stumpf, Schaftanpassungen und vieles mehr. Die heile Welt – das nahtlose Anknüpfen an die Bewegungsfähigkeit vor dem Unfall – war Illusion.

In fast allen Bereichen unseres Lebens gilt das Pareto-Prinzip, das Einsatz und Ergebnis in Relation setzt. So können bei einem Projekt mit nur 20 Prozent des Einsatzes in Form von Zeit und finanziellen Mitteln 80 Prozent des gewünschten Resultats erreicht werden. Für den Rest gilt die Umkehrung: 20 Prozent des Ertrags fressen 80 Prozent der Mittel. Galt das für mich ebenso? Sollte ich mich hinsichtlich meines Beines daher mit 80 Prozent der von mir gewünschten Funktionalität begnügen? Pareto galt auch beim Thema Gehen. Ich sagte folglich der Perfektion ade, denn der Restaufwand war nicht kalkulierbar, da es für das Erreichen der 100 Prozent keine adäquate Lösung gab. Manchen Menschen kommt es vielleicht merkwürdig vor, Denkansätze oder Verfahren aus einem anderen Bereich zu übernehmen und auf ein neues Gebiet zu übertragen. Für mich ist dies jedoch stets eine Hilfe, um aus einer Situation herauszutreten und Sicherheit zu gewinnen, denn diese Denkansätze sind mir vertraut. Dadurch komme ich weg von der unmittelbaren Betroffenheit, vom aufgeregten Huhn hin zu einer nüchternen Betrachtung der Dinge. Mein „Trainer-Ich" hatte die Aufgabe, für kleine und große Erfolgserlebnisse in meinem Leben zu sorgen. Meine Zuversicht sollte steigen, am besten mit dem Aha-Effekt: „Was früher ging, geht jetzt auch – nur eben anders."

Während des zweijährigen Persönlichkeitstrainings, das ich vor meinem Unfall abgeschlossen hatte, mussten wir uns herausfordernden Aufgaben stellen – eine davon war ein Sprung aus großer Höhe, entweder ein Bungee- oder ein Fallschirmsprung. Ziel war, sich seiner Angst zu stellen. Ich brauchte nicht lange abzuwägen, der Fallschirmsprung sollte es sein. Viele wollten mich davon abhalten. „Beim Bungeesprung vom Hafenkran in Hamburg sind es doch nur 50 m bis zum Boden, das geht schnell, beim Fallschirmsprung fällst du dagegen 4000 m in die Tiefe", argumentierten sie. Doch die Höhe machte mir keine Angst. Der Angstschweiß brach bei mir allein bei der Vorstellung aus, auf der Plattform des Hafenkrans zu stehen und dann ganz allein den Schritt ins Ungewisse machen zu müssen. Mich zudem kopfüber in die Tiefe zu stürzen und vielleicht wie ein Jo-Jo hoch und runter zu hüpfen – mir drehte sich der Magen um. Beim Tandemsprung war ich hingegen die ganze Zeit über mit jemandem eng verbunden – beim Sitzen auf der Türkante des Fliegers, beim Fallenlassen, beim Landen. Hier war ich gefordert, Vertrauen zu haben.

Meiner Tochter hatte ich zuvor mal einen Tandemsprung zum Geburtstag geschenkt. Damals wollte ich auch schon springen. Doch ich war schwanger und durfte nicht. Als kleinen Ausgleich durfte ich immerhin mitfliegen. Daher hatte ich schon eine ungefähre Vorstellung davon, was auf mich zukam. Der Sprung selbst war für mich ein Sinnbild: Ich sprang in mein Leben. Und ich genoss es in vollen Zügen. Der blaue Himmel, die Wolkenfetzen, die Weite um mich herum erzeugten in mir ein Glücksgefühl, das ich auch nach meinem Unfall unbedingt wieder erleben wollte. Ich überprüfte das Kleingedruckte bei verschiedenen Anbietern. Waren Prothesen ein Hinderungsgrund? Es stand diesbezüglich nichts drin. Also meldete ich mich für einen Tandemsprung in Neustadt/Glewe am 27.9.2015 an. Da keine Ausschlussklausel für Prothesenträger im Kleingedruckten stand, outete ich mich auch nicht. Bloß keine schlafenden Hunde wecken. Ich ging in Gedanken den

Sprung durch. Im freien Fall müssen die Beine angewinkelt werden und ich war mir nicht sicher, ob meine Prothese in dieser Position halten würde. Wie würde sie auf den Unterdruck und den Wind reagieren? Ich überlegte fieberhaft, wie ich den Halt der Prothese am Bein verbessern konnte. Mein Kopfkino ging los. Ich brauchte für mich die Sicherheit, dass die Prothese sich nicht einsam und allein auf den Weg nach unten machte. Eine Kniemanschette musste her. Der Zufall führte mich in ein Sanitätshaus der Firma Rosenau. Ich fragte nach einer solchen Kniebandage. Zufällig war ein Orthopädietechniker im Geschäft und mein Wunsch nach einer Kniemanschette wurde zum Auftakt für weitere Fragen. Wir kamen ins Gespräch und natürlich wurde auch meine aktuelle Prothesenversorgung zum Thema. Ich verließ das Geschäft mit ganz vielen Dingen: einem Lächeln im Gesicht, der Kniemanschette, der Zusicherung, dass die Prothese beim Fallschirmsprung halten würde, der Aussicht, noch andere Optionen bei der Prothesenversorgung zu haben, und der Perspektive, eine Stumpfkorrektur aufschieben zu können. In mir keimte Hoffnung auf, denn ich wusste, dass ich blind vertrauen konnte.

Der Sprung sollte am nächsten Tag stattfinden. Etwas unruhig war ich schon, die Kniemanschette wollte ich jedoch erst anziehen, wenn ich in Neustadt ankam. Am Startplatz stellte sich mein Tandempartner Timm vor. Nachdem ich meinen Overall angezogen hatte, traute ich mich, mich ihm gegenüber zu outen. „Fair ist fair“, dachte ich. „Ich trage eine Prothese”, teilte ich ihm mit. „Das habe ich mir schon gedacht“, antwortete er. Überrascht sah ich ihn an. „Mein Vater ist oberschenkelamputiert, er springt auch“, erläuterte er. Ich war erleichtert. Mein Kopfkino war immer noch im Gange. Erst die Erfahrung beim freien Fall befreite mich davon. Ich konnte es kaum glauben: Die Prothese hielt wirklich! Als wir nach der Landung wieder zu unserem Ausgangspunkt zurückgingen, blödelten wir ein wenig herum, ein Wort gab das andere. „Stell dir vor, du wärest ohne Prothese gelandet – ich hätte dann sagen können, es tut mir leid, das war so nicht vorgesehen, wird nie wieder vorkommen! Was meinst du, wie die Zuschauer reagiert hätten?“ Die Bilder in unserer Vorstellung brachten uns beide zum Lachen. Ich dankte Timm innerlich.

Jeden Tag Fallschirmspringen war allerdings keine Lösung. Mein „Trainer-Ich” hatte sich daher eine neue Übungseinheit ausgedacht. Sie hieß „Sich in gute Laune bringen”. Dafür entwickelte ich drei Methoden, die dann in meinen Alltag integriert werden sollten. Die erste Methode hieß „Gönn dir etwas Gutes” und war leicht anzuwenden. Mich selbst zu belohnen war einfach. Mal ein Eis, mal ein Stück Kuchen, mal eine exotische Frucht – Essen als Aufmunterung ging grundsätzlich nur sehr kontrolliert bei mir, denn ich wollte schließlich ab- und nicht zunehmen. Ohne schlechtes Gewissen konnte ich dagegen eine Kosmetikbehandlung, eine Wellnessmassage, einen Friseurbesuch oder das Relaxen in der Sauna genießen. All das machte nicht dick, ich fühlte mich danach wie neugeboren. Früher habe ich mir dies nur selten gegönnt, meist aus Zeitgründen. Heute sehe ich es als eine Wertschätzung an, die ich mir selbst zukommen lasse. Auch ein Hörbuch nicht nur nebenbei als Hintergrundgeräusch laufen zu lassen, sondern mit voller Aufmerksamkeit in die Geschichte einzutauchen, nimmt mich gefangen. Es erinnert mich an die Zeiten, als meine Kinder klein waren. Wir hörten aneinander gekuschelt den Erzählungen zu. Nur in äußersten Notfällen wurde das Hörbuch angehalten: bei Hunger und Durst oder einer Toilettenpause. Dieses Nicht-Aufhören-Können passiert mir auch bei Büchern. Auf dem Sofa mit Decke und einem Tee lese ich meist, bis die Augen streiken.

Dir etwas Gutes tun

Was bedeutet es für dich, dir etwas Gutes zu gönnen? Womit kannst du dir selbst eine kleine Freude machen? Und wie oft tust du das? Baust du regelmäßige Auszeiten in deinen Alltag ein?

Die zweite Methode hieß „Das Feuerzeug". Ein Feuerzeug erzeugt immer wieder zuverlässig einen Zündfunken, aus dem eine Flamme entsteht. Diese Aufgabe sollte eine Situation aus meiner Vergangenheit erfüllen, an die ich gerne zurückdachte. Sie sollte zu meinem Anker für gute Laune werden. Mit der Erinnerung an diese Situation würde ich mir auch das dazugehörige Gefühl vergegenwärtigen und wie auf Knopfdruck wäre ich mit guter Laune angefüllt. Diese erfüllende Situation war für mich der Augenblick kurz vor dem Sprung: Ich sitze auf der Flugzeugkante, meine Beine baumeln runter, ich blicke nach vorne in den Himmel, er ist blau, einige Schäfchenwolken ziehen vorbei. Ich spüre Freiheit, Glück. Automatisch ziehen sich meine Mundwinkel nach oben. Jedes Mal, wenn ich ein Stückchen blauen Himmel sehe, kommt dieses Gefühl wieder hoch. Ich habe dann schlagartig gute Laune. „Was machst du denn im November, wenn alles wolkenverhangen ist?", fragte mich mal ein Bekannter spöttisch, als ich ihm davon erzählte. Ich lachte, denn ich brauche schon lange nicht mehr einen blauen Fleck am Himmel, um das Bild abzurufen – ich kann es inzwischen jederzeit vor meinen inneren Augen entstehen lassen.

Dein Feuerzeug

Kennst du Bilder aus deinem Leben, die du mit stark positiven Emotionen aufgeladen hast? Speichere sie ab. Die Erinnerung an eine Person, an ein bestimmtes Lächeln, an ein Tier, an einen Geruch, an eine Berührung kann zu deinem Zündfunken für gute Laune werden.

Die dritte Methode hieß „Die Brille des Comedians". Mit unseren Einstellungen und Stimmungen formen wir unsere Wahrnehmung. Daher gilt es, die witzigen, skurrilen, komischen Aspekte einer Situation zu erkennen und nur diese bei einer Reaktion zu berücksichtigen. Dadurch wird eine größere Leichtigkeit im Umgang mit Hindernissen trainiert. Ich kam mir vor wie ein Schauspieler beim Impro-Theater. Ich hatte die Rolle „Du findest alles super". Mir kam der Alltag zu Hilfe und ich konnte mich schließlich gut darauf einlassen.
Szene 1: Auf meiner Arbeitsplatte in der Küche gibt es einen Bereich, der nicht oft freigeräumt wird. Die Kaffeemaschine und der Wasserkocher stehen dort. Ich hatte mir gerade einen großen Becher Kaffee gemacht, war aber etwas ungeschickt. Die volle Tasse kippte um, der Kaffee verteilte sich in Windeseile auf der Arbeitsplatte. Ich übte mich in Gelassenheit: „Das passt ja gerade gut, jetzt habe ich einen Grund, da mal richtig sauber zu machen", sagte ich mir.
Szene 2: Ich ging aus dem Haus, war in Eile, wollte nicht zu spät zu meinem Termin kommen. Kurz vor dem Gespräch merkte ich, dass ich meinen Pullover auf links gedreht angezogen hatte. Ihn richtig anzuziehen, schaffte ich nicht mehr. Wie sollte ich reagieren? Ich bereitete eine Re-

aktion vor. Wenn mich jemand darauf ansprechen sollte, würde ich „Das ist ein neuer Trend!" antworten. Doch niemand sprach mich darauf an – so wenig fiel es auf.
Szene 3: Ich stand in einem Bäckerladen und betrachtete die unterschiedlichen Brötchen. In einem Korb entdeckte ich neben Laugenstangen auch Brötchen mit Sesamkörnern obendrauf. Es waren keine hellen Brötchen, die Oberfläche sah ein wenig wie gelackt aus. Als ich an der Reihe war, fragte ich daher nach: „Sind die Brötchen aus normalem Teig?" Der Verkäufer, ein ausländischer Mitbürger, nickte zustimmend. „Okay, dann nehme ich ein Sesambrötchen." „Mohn!", sagte der Verkäufer, der mich aufgrund seiner (noch) mangelhaften Sprachkenntnisse offenbar nicht richtig verstanden hatte. Ich ließ mich auf dieses Experiment ein und kaufte ein „Mohnbrötchen". Doch danach geschah eine wundersame Wandlung: Als ich zu Hause das Brötchen aus der Tüte nahm, war es wieder ein Sesambrötchen.
Szene 4: Dichtes Gedränge in der U-Bahn. Eine Frau trat mir auf meinen Prothesenfuß und entschuldigte sich wortreich. Ich antwortete: „Nichts passiert, beim anderen Fuß wäre es schlimmer gewesen."
Szene 5: Silvester 2019. Ich war in Berlin bei meinem Sohn und seiner Lebenspartnerin. Sie hatten eine Überraschung für mich. Wir besuchten eine Show im Friedrichstadtpalast: „Vivid – Eine Liebeserklärung an das Leben". Die Sicht auf die Bühne war von unseren Plätzen aus sehr gut. Ich war

erleichtert und erzählte den beiden von meinen Nöten beim letzten Kinobesuch. Mit meiner Größe von 1,57 m hatte ich, wie so oft, Mühe gehabt, zwischen den Köpfen der vor mir Sitzenden noch ein ausreichend großes Stück der Leinwand im Blick zu behalten. Kurzerhand sprach mein Sohn eine Platzanweiserin an: „Haben Sie einen Kindersitz?" Wenige Zeit später bekam er einen in die Hand gedrückt und reichte ihn an mich weiter. Zunächst zierte ich mich, mich darauf zu setzen, aber dann genoss ich die Show umso mehr!

„Die Brille des Comedians" veränderte etwas in meinem Leben. Ich merkte, wie ich schrittweise lockerer wurde und loszulassen begann. Gespräche entwickelten sich anders als gedacht. Das Lachen kehrte wieder in mein Leben zurück. Ich hätte nie gedacht, dass es so einfach ging und wie gut es tat. Auf der Straße, in Geschäften, im Büro – überall wurde es sichtbar.

Dein Blick durch „die Brille des Comedians"

An welche skurrilen Situationen in deinem Leben kannst du dich erinnern? Wie hast du reagiert? Konntest du dich auf die Situationskomik einlassen?

Von Menschen mit guter Laune werden wir angezogen, in ihrer Gegenwart fühlen wir uns wohl und für einen kurzen

Moment befreit von unserer inneren Schwere. Wenn wir unsere Stimmung auch in schwierigen Situationen mit den Gute-Laune-Methoden erhellen, tun wir etwas für uns und gleichzeitig für andere. Schon einzelne Momente reichen aus, um etwas zu bewirken.

Das nächste Projekt stand an: Wie konnte ich verhindern, dass ich mir selbst meine gute Laune verdarb? Denn dies geschah regelmäßig, wenn ich in einen Ganzkörperspiegel sah. Leider besaß ich keinen Märchenspiegel, keine Stimme sprach zu mir: „Du bist die Schönste im ganzen Land." Stattdessen hörte ich die Stimme der Selbstkritik. Der Spruch „Aussehen ist nicht alles, es kommt auf die inneren Werte an." tröstete mich nicht. Mein Selbstbild musste gestärkt werden, damit ich mein Spiegelbild wieder wohlwollend betrachten konnte. In meinem Bekanntenkreis kenne ich nur wenige, deren Körper sich während ihres Lebens nicht verändert hat. Ich gehöre nicht zu dieser Gruppe, hatte schon vor dem Unfall immer wieder mit Gewichtsschwankungen zu tun. Die Hose kniff, die Rettungsringe quollen heraus. Als kluge Frau baute ich vor. Ich hatte verschiedene Hosengrößen im Kleiderschrank – die reichten jedoch inzwischen nicht mehr aus. Die lange Zeit im Rollstuhl hatte ihren Tribut gefordert, ich hatte meine bisherige Gewichtsobergrenze überschritten. Die Ursachen waren klar: mangelnde Bewegung, ungesundes Essen im Krankenhaus und in der Reha-Klinik, Stressabbau oder Belohnung durch Süßes. So waren über die Monate hinweg langsam und stetig die Pfunde gewachsen. Im bequemen Outfit aus Jogginghose und T-Shirt fiel der Schwimmgürtel nicht so sehr auf. Mit Bewegung alleine konnte ich nicht viel erreichen, trotz aller Anstrengung war das, was ich schaffte, zu wenig. Es blieb nur eine Möglichkeit übrig: eine radikale Ernährungsumstellung. Ich ließ Zucker und Getreide weg, reduzierte die Mengen meiner Mahlzeiten und nahm diese bewusst ein. Die Pfunde fingen langsam an zu purzeln. Meine Motivation setzte sich zusammen aus 70 Prozent Selbstbild und 30 Prozent Notwendigkeit. Denn mein Gewicht musste stabil sein, um Stumpf-Schwankungen zu reduzieren. Hosen hatte ich viele, Schaft nur einen und der dehnte sich leider nicht. Erinnerungen sind oft trügerisch. Die verschiedenen Schäfte, die ich in den vergangenen sieben Jahren besaß, zeigen deutlich, wie das Volumen meines Unterschenkels abgenommen hat, genauso wie die Muskelmasse. Die Veränderungen wären fast ein Daumenkino wert. Es lässt mich nicht los, ich möchte etwas dagegen tun. Ich höre oft: „Das ist so, akzeptiere es." Oder: „Den Prozess aufhalten, ich wüsste nicht wie." Oder: „Bei anderen ist es auch so." Oder: „Mit der Zeit gewöhnen Sie sich dran." Ich weigere mich jedoch, dies als gottgegeben hinzunehmen, aufzugeben, zu resignieren. Ich glaube fest daran, dass eine Regeneration grundsätzlich möglich ist, selbst wenn der Um-

fang meines Unterschenkels dabei vielleicht nicht das Wunschbild meiner Träume erreichen wird.
Doch auch wenn mein linkes Bein aufgrund der Amputation viel Aufmerksamkeit bekommt, ist mein rechter Fuß mir ebenfalls ans Herz gewachsen und sehr wichtig, denn er ist der einzige, den ich noch habe. Er ist zwar schon in die Jahre gekommen und hat einige OPs hinter sich, doch er ist Teil meines Standbeins, das mir Stabilität geben soll. Bei einem Kurs zur Fußgesundheit, den ich im Dezember 2018 belegte, erfuhr ich mit Staunen, dass die Muskeln der Füße in jedem Alter trainiert werden können und sollten. Auf diese Weise sollte vom Fuß ausgehend über Knie und Hüfte die gesamte Statik in ihre natürliche Position gebracht werden. Das Konzept dahinter heißt Spiraldynamik. Davon hatte ich zuvor noch nie etwas gehört. Viele Fachleute hatten meinen Fuß angesehen und resigniert aufgegeben. Und auf einmal sollte es Hoffnung geben? Ich recherchierte. Und schmunzelte über den Slogan auf der Website eines Therapeuten: „Gebrauchsanweisung für den eigenen Körper von Kopf bis Fuß". Genau das fehlte mir – vielleicht bekam ich auf diesem Wege doch noch einen Prinzessinnenfuß. Seit über einem Jahr bin ich nun dabei und sehe tatsächlich eine Veränderung – der Zustand meines Fußes hat sich massiv verbessert. Die Regeneration fiel allerdings nicht vom Himmel, ich habe intensiv daran mitgearbeitet. Um dieses Ziel zu erreichen, hätte ich allerdings jeden Einsatz gebracht.

Manchmal schlägt eine Behandlung nicht an – wann lohnt es sich dann, trotzdem weiterzumachen, wann sollte man aufhören? Viele Menschen resignieren, wenn mehrere Ansätze nicht zum gewünschten Erfolg führen. Sie gehen „von Pontius zu Pilatus“, um etwas zu erreichen. Ich habe mich für die Rolle der aktiven Patientin entschieden. Ich bin Trainerin und Forscherin in eigener Sache und gleichzeitig das Versuchsobjekt. Nur so kann ich meinem Arzt oder Physiotherapeuten wichtige Informationen geben. Mir hatte es in meinem bisherigen Leben stets gutgetan, meinen Körper zu trainieren. Die lange Zeit der Unbeweglichkeit hatte ihre Spuren hinterlassen. Meine Laune stieg mit meiner körperlichen Fitness und je mehr ich wieder in den Alltag eintauchen und für mich selbst Verantwortung übernehmen konnte. Manchmal komme ich mir wie ein Hauseigentümer vor. Mein Haus ist mein Körper. Wenn ich kleine oder große Schäden bemerke, bessere sie liebevoll aus. Außerdem schütze ich meinen Körper vor Witterungseinflüssen. Da er schon etwas älter ist, achte ich auch auf die Statik, die seit der Amputation etwas geschwächt ist.
Im Hinblick auf meine linke Körperseite bin ich noch etwas ratlos, wie ich dem Abbau der Muskeln begegnen soll. Vielleicht helfen mir Ansätze aus der neurointegrativen Medizin: Wie steuert das Gehirn Muskeln an? Wie beeinflusse ich Nervenreize? Aus diesem Wissen ergeben sich vielleicht neue Möglichkeiten. Ich wäre dazu bereit! Lernen durch Beobachten und Nachahmen – auch im körperlichen

Bereich eine Option. In der Lerntheorie wird dies als „Lernen am Modell" bezeichnet. Es bleibt spannend. Nicht alles im Rahmen meiner Möglichkeiten Liegende ausgeschöpft zu haben, könnte ich mir nicht verzeihen. Das Sprichwort „Was Hänschen nicht lernt, lernt Hans nimmermehr." ist nicht meins. Ich bevorzuge: „Solange man lebt, gibt es immer etwas zu lernen."

„Wir leben nicht, um zu glauben, sondern um zu lernen." (Dalai Lama)
„Jeder Tag ist ein Wagnis und wird dadurch erst lebenswert." (Aristoteles)

4 Die Macht der Gewohnheit

„Schlechte Gewohnheiten sind wie ein bequemes Bett. Man rutscht schnell rein – aber schlecht wieder raus!“ (Willy Meurer)

Sich selbst ein Bein stellen, sich das Leben schwer machen – wer von uns hat dies nicht schon einmal erlebt? Selbstsabotage ist ein beliebtes Spiel. Keiner will es gern spielen und doch ist es sehr erfolgreich. Für andere sind solche Verhaltensweisen schnell deutlich sichtbar, für einen selbst meist erst rückblickend. Viele würden gerne etwas dagegen unternehmen, resignieren jedoch. „Ich bin halt ein Pechvogel, alle in meiner Familie sind so“, reden sie sich ein. Oder: „Das ist eben meine Schwachstelle.“ Das kann ich gut verstehen. Eine meiner Schwachstellen sind Süßigkeiten. Jedes Mal diese Verführung, das Spiel mit dem Austesten, wie lange ich diesem Griff in die Tüte widerstehen kann: Lakritz oder Nüsse? Ein Spiel mit dem Feuer. Der Schaden ist äußerlich betrachtet „nur“ ein Kilo mehr auf der Waage. Der verborgene Schaden ist jedoch viel größer: wieder einmal gescheitert, wieder einmal das gesetzte Ziel nicht erreicht. Sichtbar ist lediglich ein (noch) kleiner Kratzer am eigenen Selbstbild – weil das Hüftgold das 90-60-90-Idealmaß sprengt oder das Durchhaltevermögen nicht dem einer toughen Frau entspricht. Doch ste-

ter Tropfen höhlt den Stein: Die Selbstvorwürfe nehmen zu, die Stimme im Kopf meldet sich öfter, manche sprechen von einem inneren Kritiker.
Kennst du das „Büchernörgele"? Es kommt in dem Kinderbuch „Der satanarchäolügenialkohöllische Wunschpunsch" von Michael Ende vor. Es ist ein kleines Monster, liebevoll auch „Klugscheißerchen" genannt, das vorwiegend an Büchern herumnörgelt. Mein innerer Kritiker weiß auch immer alles besser. Ich habe ihn daher „das Nörgele“ getauft. Dadurch kann ich ihn persönlich ansprechen und besser mit diesem Anteil in mir kommunizieren. Das Nörgele wird nicht nur in Sachen Lakritz oder Kuchen tätig, sondern begleitet mich schon lange, kennt mich in- und auswendig von Kindesbeinen an. Irgendwie gehört es zu mir. Ich kann inzwischen mit seinen Nörgeleien umgehen. Das war nicht immer so. In meiner Sturm-und-Drang-Zeit flogen öfters die Fetzen. Mit zunehmendem Alter, genauer gesagt erst seit etwa vier Jahren, habe ich so etwas wie Frieden mit dem Nörgele geschlossen. Es ist jetzt ziemlich ruhig. So ruhig, dass ich mir manchmal Sorgen mache. Dann steigere ich mich ganz bewusst in etwas rein, um es zu provozieren – und siehe da, es ist noch am Leben. Was für ein Glück! Denn ohne die Bemerkungen meines Nörgeles würde mir ein Gegenpol, ein Widerstand fehlen. Inzwischen weiß ich, dass das Nörgele es nur gut mit mir meint. Es will mich vor allem Neuen schützen, ist ein kleiner Angsthase. In der Vergangenheit konnte ich es ihm nie recht machen. Ich war

zu klein, zu dünn, zu verspielt, nicht zielstrebig, nicht ernsthaft genug. Ein großes Blatt Papier würde nicht ausreichen, um alle seiner Aussagen aufzuschreiben. Ohren zuhalten oder auf Durchzug stellen ging nicht. Lange Zeit habe ich mich durch seine Schwarzmaler-Brille betrachtet. Ich merkte, wie ich mir immer weniger zutraute, mich immer weiter zurückzog. Doch irgendwann wurde ich mutig. Wie in der Pubertät fing ich an, meinem Nörgele zu widersprechen, habe mir sogar eine Brille in dezentem Pink zugelegt. Ich sah mich plötzlich ganz anders, nicht klein, sondern groß, mit ganz vielen Schokoladenseiten. Welchem Bild sollte ich glauben? Ich habe für mich eine diplomatische Entscheidung getroffen: Die Wahrheit liegt in der Mitte und ist auf jeden Fall pink angehaucht.
Nach dem Unfall hatte sich viel verändert, alles war ins Wanken geraten. Mein Nörgele war in Alarmbereitschaft. Ich konnte schließlich noch weniger als bisher. Es präsentierte mir eine Liste von Aktivitäten, die ich in Zukunft aus meinem Gedächtnis streichen sollte. Gewissenhaft hatte es dazu vermerkt, ob ich diese Fähigkeiten in der Vergangenheit eher selten eingesetzt hatte – als kleinen Trost, damit ich den Verlust besser verschmerzen konnte. Die Liste sah wie folgt aus:

- Endspurt zum Zug/Bus (manchmal)
- Joggen (manchmal)
- Hüpfen (selten)

- Klettern (selten)
- Inlineskaten (selten)
- Wanderungen quer durch den Wald, auch durchs Unterholz
- Fahrrad fahren
- Tanzen
- Boxtraining

Ich schluckte und wusste nicht, was ich sagen sollte. Die Welt als „normaler“ Zweibeiner hatte ich verinnerlicht. Was wusste ich schon von der Welt eines Amputierten? Was war überhaupt „normal“ bei Amputierten? Mir fehlte ein Maßstab, um mich neu justieren zu können. Ich wunderte mich ein wenig über mich selbst: Lag es wirklich an den nicht mehr vorhandenen 34 cm meines linken Beines? Ich hatte doch sonst keine Probleme gehabt, Kontakte zu knüpfen, war in verschiedenen Gruppen integriert. Ich erinnerte mich – dieses Bedürfnis nach Zugehörigkeit hatte ich schon einmal gehabt. Mein Vater war beim Auswärtigen Amt beschäftigt. Ich verbrachte daher sechs Jahre meiner Kindheit in Italien. Ich habe mich dort sehr wohl gefühlt. Als ich zwölf Jahre alt war, ging es zurück nach Bonn. Meine Schwester und ich wären liebend gerne in Italien geblieben. Für mich war der Umzug ein Kulturschock. Die Uhren tickten in Deutschland anders. Neue Schule, neue Klasse, andere Verhaltensweisen. Viele meiner Mitschüler kannten sich seit der Kindergartenzeit. Dazuzugehören, akzeptiert zu werden, das war mein sehnlichster Wunsch. Das schrittweise Fußfassen im Alltag nach dem Unfall war eine ähnliche Situation. Ich saß lange im Rollstuhl. Das war zwar kein Kulturschock, aber das Eintauchen in eine neue Welt, deren Regeln ich nicht kannte. Danach die Welt der Prothesenträger. Persönlich hatte ich noch keinen Amputierten näher kennengelernt. Mein Nörgele freute sich über meine Unsicherheit: „Willkommen im Nirgendwo – du bist kein Zweibeiner mehr und in der Welt der Amputierten bist du ein Greenhorn", spottete es.

In dieser Gemütsverfassung bekam ich in der Früh-Reha Besuch von einer attraktiven Frau, die ebenfalls unterschenkelamputiert war und eine Prothese trug. Ich schätzte sie auf Anfang bis Mitte fünfzig. Wir hatten bisher nur ein paar E-Mails ausgetauscht, ich kannte sie noch nicht persönlich. Mein Freund war über eine Internetrecherche auf ihr Institut in Hamburg gestoßen, eine Beratungsstelle für Amputierte. Ich wunderte mich: Ihr Gangbild wies keine Unregelmäßigkeiten auf. Ich konnte gar nicht glauben, dass sie amputiert war. So laufen können, das wollte ich auch wieder. Ich machte ihr ein Kompliment. Sie lachte und erzählte mir von einer Veranstaltung für Studenten, an der sie kurz zuvor mitgewirkt hatte. Am Ende dieser Veranstaltung gab es ein Quiz. Die Studenten sollten erraten, wer von den Anwesenden Prothesenträger war. Meine Besucherin hatte Schuhe mit hohen Absätzen getragen und war daher erst gar nicht in Betracht gezogen worden. Schuhe mit hohen Absätzen als Prothesenträgerin? Ich war irritiert. Sie klärte mich auf – es gab verstellbare Prothesenfüße. Das hörte sich gut an. Eine Frage brannte mir aber noch auf der Zunge: „Wie lange braucht man denn, um mit einer Prothese so gehen zu können wie Sie?“ Erwartungsvoll schaute ich sie an. Die Antwort war niederschmetternd: „Ich hatte einen Unfall als kleines Kind. Seitdem bin ich unterschenkelamputiert.“ Meine Stimmung sank in den Keller – so entmutigt war ich schon lange nicht mehr gewesen. Mein Nörgele setzte noch eins drauf: „Fünfzig Jahre Training kannst du nicht mehr aufholen. Wer zu spät kommt, den bestraft das Leben.“ Darüber konnte ich gar nicht lachen. Die Welt der Amputierten schien zwar genauso bunt zu sein wie die der Zweibeiner. Das brachte mich aber kein Stück weiter. Ich hatte mich selbst in eine Sackgasse manövriert. Zu einer Gruppe zu gehören, sich durch Gemeinsamkeiten verbunden zu fühlen, ist seit der Steinzeit in uns angelegt. Es sicherte seit jeher unser Überleben. Doch hatte ich vor dem Unfall nach Menschen mit gleicher Haarfarbe oder Körpergröße gesucht? Ich musste über mich selber lachen. Und trotzdem – wie sollte ich für mich Fortschritte festhalten und realistische Ziele festlegen? Mich mit anderen messen oder mein Leben vor dem Unfall heranziehen – beides war sinnlos. Ich würde Äpfel mit Birnen vergleichen. Ich musste Parallelen finden, die mir Mut gaben, weiterzumachen, mich anspornten. Das konnten nur Gefühle sein. Ich wusste noch nicht genau,

wie ich das anstellen sollte. Aber das Nörgele würde mir dabei helfen – wenn es jubelte, hatte ich den falschen Ansatz gewählt.
Ich nahm mir die Liste vor. Sollte das wirklich alles nicht mehr möglich sein? Wie kam das Nörgele überhaupt darauf? Ich beschloss, diese Aufstellung als To-do-Liste anzusehen und regelmäßig zu überprüfen, was ging und was nicht. Vergleiche sind für mich auch heute noch wichtig, deren Zeitintervalle richten sich jedoch nach bestimmten Anlässen, zum Beispiel von der Erstversorgung nach der Stumpf-OP bis zur nächsten Schaftanpassung. Auf diese Weise kann ich mir ein realistisches Bild machen und viele Glückssterne auf dem Weg zum nächsten Etappenziel einsammeln. Das Nörgele ließ sich jedoch nicht beirren, schließlich hatte es noch ein paar Trümpfe in der Hinterhand.
Es begann mit einer Gelegenheit, die mein Nörgele schamlos ausnutzte, um mein Selbstbewusstsein zu schwächen: die Auflösung meiner Wohnung während der Früh-Reha. Das Haus war am Hang gebaut, zu meiner Wohnung im Erdgeschoss musste ich von der Straße mehrere Steinstufen bewältigen. Ich konnte sie folglich nicht mehr nutzen. Sie verursachte also nur Kosten. Die Kündigung der Wohnung ging mir schnell von der Hand, den Umzug zu organisieren und vorzubereiten, war dagegen eine ganz andere Nummer. Eine neue Wohnung war noch nicht in Sicht. Darum sollten meine Möbel und Besitztümer bis auf Weiteres

eingelagert werden. „Ein perfekter Zeitpunkt, um auszusortieren“, dachte ich mir. Die Unterlagen aus dem Arbeitszimmer hatte ich schon vorab gesichtet und eingepackt. Meine Schwester half mir beim Schlafzimmer. Handtücher und Bettwäsche wanderten in die Kartons. Dann war der Kleiderschrank dran. Ich saß davor und sortierte Klamotten aus. Ich sah mir all meine Kleider, Röcke und Schuhe an, die ich mir teilweise erst kurz zuvor gekauft hatte, und brach in Tränen aus. Nichts ging mehr. Erinnerungen an die Anlässe, zu denen ich einige der Teile getragen hatte, blitzten auf. Ein Seidenkleid in Moosgrün aus mehreren Stofflagen, wie eine griechische Tunika geschnitten – wie stolz war ich gewesen, es zu tragen, wie begehrenswert hatte ich mich gefühlt. Und nun? So würde ich mich nie wieder zeigen können. Ich brachte nur heraus: „Das kann ich alles nie mehr anziehen“, und heulte wie ein Schlosshund. Die Welt schien unterzugehen. Ich weiß noch genau, was das Nörgele damals zu mir sagte: „Jetzt hast du gerade zwei Jahre lang ein Persönlichkeitstraining absolviert, wolltest dich von deiner weiblichen Seite zeigen – vergiss es, ohne diese Kleider und Schuhe wird das nichts!“ „Es gibt auch schicke Hosen“, versuchte mich meine Schwester zu trösten. Aber sie erreichte mich nicht – ich war weit weg. Die Kette Kleid = weiblich = anziehend = Leichtigkeit war wie in meinen Kopf eingebrannt, denn dies war eine Seite, die ich leben wollte. Mir blutete das Herz. Das Nörgele schaffte es, meinen Eigensinn zu wecken, ich wurde trotzig und widerspenstig. Selbst wenn ich sie nicht mehr anziehen konnte – ich wollte mich von einigen Lieblingsstücken nicht trennen. Heute kann ich über mich selbst und meine Scheuklappen lachen, denn inzwischen habe ich mir wieder Kleider gekauft und ziehe sie auch gerne an. Manchmal dauert es halt etwas länger, bis ich meine Komfortzone verlasse. Die Anzahl Kleider in meinem Schrank hat deutlich zugenommen.

Ein weiterer Anlass bot sich meinem Nörgele im November 2019. Auf dem Programm stand ein Bühnentraining als Vorbereitung für einen großen Auftritt. Es ging um die Basics: Wie gehe ich auf die Bühne? Wie bewege ich mich dort? Wie gehe ich formvollendet ab? Bin ich mir meines Körpers, meiner Haltung bewusst? Kann ich durch meine Körpersprache das Publikum in meinen Bann ziehen? Ganz easy, dachte ich, schließlich hatte ich als Jugendliche die Eignungsprüfung für die Tanzausbildung geschafft. Wenn ich nicht gerade im Zeitlupentempo ging, fiel der Unterschied zwischen rechtem und linkem Fuß schon nicht mehr auf. Um uns in die richtige Stimmung zu bringen, hatten wir Kursteilnehmer uns alle in Schale geworfen. Musik heizte die Stimmung zusätzlich an. Wir Frauen sollten beginnen. Als Special, nur für uns stellte die Trainerin der Reihe nach High Heels auf die Bühne, ein Paar schöner als das andere. Deko? Nein, notwendiges Requisit, um die Weiblichkeit zeigen zu können. Sie machte es uns vor. Ein Wow-Effekt, einfach sexy! Nicht nur die Männer, auch wir

Frauen bekamen Schnappatmung. „Das Bein wird optisch verlängert, es kommt ein Schwung in die Hüften. Probiert es aus, die Schuhe stehen da“, forderte sie uns anschließend auf. Ich blickte an mir herunter auf meine Schuhe. Barfußschuhe ohne Absätze, Schuhe, in denen ich mich sicher fühlte. In meinem Kopf flüsterte eine Stimme: „Das kannst du vergessen, Bein optisch verlängern? Schönes Bein? Sexy? High Heels hast du mit Prothese noch nie getragen und du wirst sie auch zukünftig nicht tragen. Sei froh, wenn du mit deinen Schuhen unfallfrei das Ganze absolvierst.“ Mir stiegen Tränen in die Augen. Das Defilee der Frauen begann. Sie versuchten es zunächst mit ihren Schuhen, dann auf High Heels. Der Unterschied war nicht zu übersehen, jede verließ mit einem Lächeln die Bühne, begleitet von anerkennenden Ausrufen der Männer. Meine Tränen flossen weiter – Enttäuschung, Schmerz, Sehnsucht machten sich in mir breit. Ich wäre gerne da oben gewesen, wollte auch so bewundert werden. Ich stellte mich jedoch gar nicht erst an, blieb auf meinem Stuhl sitzen. Dann waren die Männer an der Reihe. Sie hatten keine High Heels, keine Chance auf ein schönes Bein. Trotz und Wut stiegen in mir hoch, die Tränen versiegten. Ich würde es auch so schaffen! Ich reihte mich in die Schlange der Männer ein: Körperspannung aufbauen – und los! High Heels finde ich nichtsdestotrotz immer noch wunderschön.

Durch meine Aufenthalte in Krankenhäusern habe ich einige Menschen kennengelernt, die mir durch ihren Umgang mit einer noch schlimmeren Diagnose oder noch gravierenderen Einschränkung neue Wege aufgezeigt haben. Mein Nörgele nutzte das, um sich wieder aus dem Fenster zu lehnen: „Nimm dich nicht so wichtig, was sollen denn erst die anderen sagen!“ Ich hörte nicht auf es. Denn diese anderen waren der Maßstab, den ich brauchte, das Vorbild, das mich motivierte: „Wenn diese Person mit der größeren Einschränkung es geschafft hat, dann kann ich es auch schaffen“, sagte ich mir.

„So viel Kraft wie du habe ich nicht, das hätte ich nicht geschafft“, habe ich nach dem Unfall oft gehört. Jeder hat sein eigenes „Nörgele” ... Ich glaube fest daran, dass jeder Mensch diese Kraft mobilisieren kann. Mein Nörgele war allerdings nicht so leicht zu beeindrucken. „Einmal ist keinmal – da hast du eben mal Glück gehabt“, flüsterte es mir nach jedem Erfolg ein. Auf Diskussionen wollte ich mich jedoch nicht einlassen. „Besser einmal als gar nicht“, dachte ich mir. Das „Einmal“ ist bereits eine Gewissheit, ein Sprungbrett für weitere Male. Ich hatte stets die Möglichkeit, mich anders zu entscheiden.

Bei meinem zweijährigen Persönlichkeitstraining sollten wir einmal mit der Handkante ein Holzbrett mit den Abmessungen 30 x 30 x 2 cm durchschlagen, drei Versuche waren uns gestattet. Durch Atemübungen und Meditation hatten wir uns darauf vorbereitet, die Kraft aus dem Hara zu bündeln, um diese Aufgabe absolvieren zu können. (Mit dem Begriff „Hara“ wird in den Kampfkünsten der Bereich hinter und unterhalb des Bauchnabels, beim Shiatsu der ganze Bauchraum bezeichnet.) Anschließend saßen wir im Halbkreis. Wer bereit war, ging nach vorne. Stille. Konzentration. Die Kraft spüren, der Laut aus dem Mund, der Schlag. Wir alle in der Runde waren bei jedem Schlag dabei. Der Glaube versetzte Berge: Jeder hatte am Ende sein Brett in zwei Teile geteilt – und bei Fehlversuchen festgestellt, wie hart es wirklich war.

Die eigene Stärke zu erfahren, weist das Nörgele in seine Schranken. Bei einem Selbstverteidigungskurs absolvierte ich ein Pratzentraining. Dabei galt es, alle verfügbaren Kräfte zu mobilisieren und in den Schlag zu legen, mit der Handfläche oder der Faust auf verschiedene Polster einzuschlagen. „Ich stehe für mich ein, ich verteidige mich, ich kann das“, wiederholte ich mantramäßig. Angefeuert durch den Trainer kam ich aus meiner Komfortzone, gab alles. Eine unvorstellbare Kraft entlud sich bei jedem aus unserer Gruppe, egal wie groß, klein, schwer oder leicht die Person war, egal, ob Mann oder Frau.

Was wir denken und fühlen, ist durch das geprägt, was wir erlebt haben. Unser Gehirn möchte gerne schnell und effizient arbeiten. In einer neuen Situation überlegt es daher nicht lange, greift auf etwas Bewährtes zurück. Vielleicht hast du das auch schon erlebt: ein überraschender Besuch von einem Freund zu der Zeit, wenn du dir normalerweise etwas zu essen machst. Du überlegst, was für zwei reichen würde. Dann triffst du die Entscheidung, Fertigpizzen in den Ofen zu schieben. Es ist einfacher, schneller, bequemer, als lange darüber nachzudenken, was du kochen könntest. Gedanken formen unsere Wirklichkeit und unser Verhalten. Ein gerne angeführtes Beispiel hierfür ist ein Wasserglas, das zur Hälfte gefüllt ist. Für den Optimisten ist es halb voll, für den Pessimisten halb leer. Beide sehen ein Glas mit Wasser darin, haben also etwas gemeinsam. Davon bin ich lange Zeit ausgegangen, nach dem Motto „meine Welt = deine Welt". Dies muss jedoch nicht zwangsläufig so sein. Häufig unterscheidet sich die Bewertung des Betrachteten. Mit den nachfolgenden Übungen lade ich dich dazu ein, zu überprüfen, welche Verknüpfungen du automatisch herstellst. Du kannst sie allein oder mit unbekannten Personen oder in deinem Freundes- und Bekanntenkreis durchführen. Du wirst erstaunt sein, welch unterschiedliche Ergebnisse dabei herauskommen. Und du wirst feststellen: „Meine Welt ist nicht deine Welt."

Die Perlenkette

Bei diesem Spiel werden Wortketten gebildet. Jedes Wort entspricht einer Perle auf der Kette und ist gedanklich mit dem vorherigen Wort verknüpft. Ist der Einstieg zum Beispiel „Baum“ könnten die Assoziationen sein: Apfel > Wilhelm Tell usw.

(1) Führst du diese Übung allein durch, erkennst du, was für dich mit einem bestimmten Ausgangswort verknüpft ist. Ein anderer Spieler wird beim gleichen Ausgangswort eine völlig andere Kette entwickeln. Eine solche Kette half mir vor allem vor einer größeren Zahnbehandlung dabei, meinen Gefühlen und Gedanken auf den Grund zu gehen. Ich schob schon einige Jahre lang die Entscheidung vor mir her, mehrere wurzelbehandelte Zähne durch Implantate ersetzen zu lassen. Meine Wortreihe begann ich daher mit „Zahn“ und bildete folgende Assoziationen: Operation > Angst > Einschränkung > Ausschluss. Hintergrund dafür waren meine Befürchtungen: Jeder Eingriff ist mit einem unbekannten Risiko verbunden. Hinzu kommt die Ungewissheit bezüglich der Nachwirkungen: Wird es zu einer Schwellung kommen, werden Schmerzen auftreten? Klar war im Falle meiner Implantat-OP, dass ich für mindestens drei Monate Einschränkungen beim Essen haben würde. In meiner Fantasie sah ich mich daher schon, diesen Zeitraum vor einem Glas mit Babynahrung verbringen. Außerdem fürchtete ich, mich nicht mit den Provisorien, die bis zur endgültigen Implantation eingesetzt werden würden, zeigen zu können und womöglich bei jedem Lachen die Hand vor den Mund halten zu müssen. Denn die Lücke war damit zwar geschlossen, doch die Zahnfarbe nicht optimal

angepasst. Da ich eine Zahntechnikerin in der Familie habe, achte ich auf solche Kleinigkeiten. Ich stellte mir vor, dass jedem Menschen, dem ich begegnete, mein Zahnersatz sofort ins Auge sprang. Die Wirklichkeit meinte es jedoch gut mit mir, denn die Provisorien fielen nicht so stark auf, wie ich befürchtet hatte.

(2) Arbeiten mehrere „Spieler" an einer Perlenkette, geht es reihum. Durch die Perlen der anderen Personen, kann keiner der Spieler in seinem eigenen Film bleiben, sondern muss immer wieder neu reagieren. In dieser Form wird die Übung als Kreativitätstraining beim Impro-Theater eingesetzt. Brauchst du Hilfe bei einem bestimmten Problem, kannst du über eine solche Perlenkette unterschiedliche Reaktionsmöglichkeiten erfahren. Dadurch kannst du festgefahrene Gedankenverbindungen verlassen.

Schwarmintelligenz

Nicht so kraftvoll wie die Perlenkette, aber auch ein Weg, um Handlungsalternativen aufgezeigt zu bekommen, ist die Nutzung von „Schwarmintelligenz". Dabei stellst du einer Gruppe von Personen – dem Schwarm – eine Frage, die dich umtreibt. Jedes Schwarmmitglied bringt anschließend seine Idee zur Lösung des Problems ein. Diese Vorgehensweise öffnet dir die Augen für verschiedene Alternativen. Meist ist man selbst auf einen bestimmten Lösungsweg fixiert und sieht daher andere Möglichkeiten gar nicht. Dann ist dies eine wirksame Methode, um ausgetretene Pfade zu verlassen.

Stell dir vor, du bist in Gedanken, hörst bei einem Gespräch nur mit halbem Ohr zu. Du schnappst das Wort „Verlust" auf. Da erinnerst du dich: vor zwei Monaten ... eine ärgerliche Angelegenheit ... der Schlüsselbund in deiner Tasche, der nach einer Bahnfahrt nicht mehr da war. Das Gespräch lief in der Zwischenzeit weiter. Nun hörst du „Einschränkung". Du denkst daran, wie du dich um einen Schlüsseldienst bemüht hast ... dein Wohnungsschlüssel war dabei, ein Generalschlüssel für mehrere Türen im Haus. Die Wiederbeschaffung hat dich einige Zeit in Anspruch genommen. Du warst bei der Polizei, um den Verlust, der möglicherweise ein Diebstahl war, zu melden. Das nächste Stichwort, das du mitbekommst, ist „nicht voll funktionsfähig". Du überlegst: Das mit der Wohnung war noch das geringste Problem. An dem Schlüsselbund hattest du auch den Schlüssel für den Aktenschrank im Büro. Ohne die Akten aus dem Schrank warst du ein paar Tage nicht voll einsatzfähig.
Bei mir löst die Kette Verlust > Einschränkung > nicht voll funktionsfähig etwas ganz anderes aus. Mir wären sofort Bein > reduzierte Mobilität > nicht voll einsatzfähig eingefallen. Die eigentlich sachlichen Inhalte werden zudem häufig bewertet. So folgt bei mir zum Beispiel bei „nicht voll ein-

satzfähig" der Rückschluss „nicht belastbar, untauglich". Bemerkungen wie: „Sie haben Glück, dass Sie in diesem Jahrhundert leben – in der Steinzeit wären Sie schon längst dem Säbelzahntiger zum Opfer gefallen", bringen mich auf den Boden der Tatsachen zurück. Ich habe es eingesehen: Beim „Survival of the fittest"-Contest würde ich nicht mehr den ersten Platz einnehmen können.

Bei der Akquise für neue Projekte bin ich stets offen mit meiner Einschränkung umgegangen, denn ich brauche für bestimmte körperliche Aktivitäten eben mehr Zeit – ich sprinte nicht mehr Treppen hoch und runter, langes Stehen ist anstrengend für mich, meine Prothese meldet sich manchmal durch Quietschen und es gibt Zeiten, in denen ich im Rollstuhl sitze. „Das ist mir gar nicht aufgefallen." oder „Das fällt gar nicht auf." habe ich oft gehört. Diese Reaktion ist normal, denn ich sitze, stehe oder gehe als Zweibeiner. Die wenigsten Menschen achten auf ein Gangbild. Ob manche Gespräche genauso gelaufen wären, wenn ich im Rollstuhl gesessen hätte? Ich weiß es nicht.

Die Reaktionen auf mein amputiertes Bein sind ganz verschieden. Wenn ich ohne Prothese im Rolli im Bus unterwegs bin, reihe ich mich nahtlos zwischen Kinderwagen und Rollatoren ein. Die Reaktionen der anderen Fahrgäste sind sehr unterschiedlich: Erwachsene machen Platz, streifen mich mit einem Blick und konzentrieren sich wieder auf ihr Handy. Für Kinder, vor allem im Kindergarten-/Grundschulalter, bin ich hingegen ein Hingucker. Ich merke, wie es in den kleinen Köpfen arbeitet, zu gerne würden sie Fragen stellen. Sie drehen sich zu ihrer Mutter / ihrem Vater um, zupfen am Ärmel und ... werden bewusst von den Erwachsenen abgelenkt. Ich versuche dann, mich in ihre Gedankenwelt hineinzuversetzen. Die Reaktion der Kinder kann ich gut nachvollziehen. Sie sehen, dass mir ein Bein fehlt, das kennen sie nicht. Sie würden gerne wissen, wie es dazu gekommen ist. Ihre Gedanken in Kurzform als Perlenkette sind: Bein ab > anders > warum. Das Gefühl der Neugierde steigt in ihnen auf. Die Gedanken der Eltern sehen etwas anders aus: Bein ab > anders > sich zurückhalten. Und das Gefühl der Unsicherheit ist da. So ging es mir früher auch, wenn ich mit meinen Kindern unterwegs war. Voller Neugier sprachen sie alles an, was ihnen bei anderen auffiel. Es war klar formuliert, laut und deutlich, sodass es jeder im Umkreis mitbekam. Wie reagierten die Leute darauf? In vielen Köpfen war „Das macht man nicht!" verankert, es gab keine Offenheit, sich auf die Neugier der Kinder einzulassen. Ich vertagte damals die Antworten auf die Fragen meiner Kinder auf später. Eine typische Situation also: Man geht auseinander, alle Beteiligten sind unzufrieden. Nur eine kleine Änderung im Ablauf hätte die Situation zufriedenstellend auflösen können.

Dass das funktionieren kann, habe ich schon erlebt. Ein kleines Mädchen sah mich und wandte sich zu seinem Vater mit dem „Warum". Jetzt kam die Wende. Der Vater ermunterte das Kind: „Wenn du etwas wissen willst, musst du selbst fragen, ich kann dir die Antwort nicht geben." Auf diese Weise entspann sich ein Gespräch zwischen uns. Es war so einfach gewesen. Gedankenketten machen uns das Leben schwer. Warum nicht den direkten Weg einschlagen? Nicht vermuten, sondern die Antwort von den Betroffenen einholen. Anderssein verliert die Bedeutung, wenn es ein Du und ein Ich gibt.

Bei einem Arzttermin passierte etwas Ähnliches. Ich kam etwas zu früh, ging ins Wartezimmer. Dort saß bereits ein Junge. Die Trainingshose, die ich trug, war kurz, die Prothese sichtbar. Der Junge und ich kamen ins Gespräch, tauschten uns aus. Er war neun Jahre alt. Er erzählte mir von seinen Lieblingstieren und -büchern, ich von den Dschungelnächten im Hamburger Zoo. Zwischendurch stellte er mit Blick auf meine Prothese die Frage: „Wie ist das passiert?" Ein paar Worte von mir, ein Moment des Nachdenkens auf seiner Seite folgten. Dann waren wir schon beim nächsten Thema: Sport, Kickboxen, Klettern. Die Tür ging auf und seine Mutter kam. Wir winkten uns zum Abschied zu und ich war dankbar für dieses Gespräch.

Ein weiteres Erlebnis im öffentlichen Nahverkehr brachte mir fast einen weiteren Sohn ein. Die Fortbewegung mit Bus und Bahn stellt für Rollstuhlfahrer immer wieder eine Herausforderung dar. In diesem Fall war ich selbst auf zwei

Beinen unterwegs. Auf dem Weg zur Bushaltestelle bemerkte ich einen jungen Mann im Rollstuhl, der sich Meter um Meter in Richtung Haltestelle bewegte. Ich fragte ihn, ob er ein wenig Unterstützung benötige, er nahm dankend an. Zu zweit ging es schnell zur Haltestelle. Die Hamburger Busse haben Rampen, die entweder vom Busfahrer oder den Fahrgästen bedient werden können. Der Bus kam, Rampe raus, Rollstuhlfahrer rein, Rampe rein – es lief alles wie am Schnürchen. Ich blieb noch eine Weile bei dem jungen Mann stehen, wir unterhielten uns. Dann kam die Haltestelle, an der ich aussteigen wollte. Ein älterer Mann war sichtlich irritiert: „Aber Ihr Sohn – wollen Sie nicht Ihren Sohn mitnehmen?" Aus meiner Sicht könnte die Perlenkette in seinem Kopf so ausgesehen haben: junger Mann im Rollstuhl > hilfsbedürftig > Unterhaltung > Bezugsperson > Mutter. Bei der Durchbrechung solcher Assoziationsketten hilft die nächste Übung.

Faktencheck & Mutmacher

Ohne „Nabelschau" geht es nicht, wenn du deine Selbstsabotage unterbrechen willst. Damit dein innerer Kritiker nicht so unpersönlich ist, wähle einen wertschätzenden Namen für ihn aus – wie für einen Freund mit einer kleinen Marotte. Nun erinnere dich an die vergangenen Tage. Gab es eine Situation, die dein innerer Kritiker so richtig ausgenutzt hat? Bleib bei dir, absolute Ehrlichkeit dir selbst gegenüber ist jetzt wichtig.

(A) Vorwürfe

Schreib alle Vorwürfe auf, die du von ihm gehört hast. Wiederholen sich die Vorwürfe? Kennst du diese Vorwürfe aus deiner Kindheit oder von anderen Personen?

(B) Check

Geht es bei diesen Vorwürfen um das Erreichen von Zielen, Änderungen von Verhaltensweisen oder Gewohnheiten? Hand aufs Herz – sind es deine Ziele, willst du diese Änderungen? Wie wichtig sind diese für dein Leben? Wie wichtig nimmst du dich selbst?

(C) Deine Reaktionen

Wie hast du bisher auf diese Vorwürfe und Bewertungen reagiert? Welches Gefühl hat sich in dir breit gemacht?

(D) Den Film umschreiben

Manche Vorwürfe und Bewertungen sitzen tief. Stell dir diese Vorwürfe als Drehbuch vor. Du bist der Regisseur und kannst jede Situation in der Bewertung einfach umschreiben. Aus dem „Schwarzmalen", dem „Du kannst nichts und deshalb wird XX passieren" wird „Pink" und ein „Ich kann YY, das ist mir wichtig und ich habe keine Angst, weil …"

Indem er „Salz in die Wunde gestreut hat", hat dein innerer Kritiker einen wunden Punkt getroffen. Die Änderung des

Drehbuches funktioniert wie ein Pflaster für diese Wunde: Dreh die Aussage in das Gegenteil! Andere Menschen haben auch schon so wie du gehandelt und es war kein K.-o.-Kriterium. Wenn du Rückendeckung brauchst, suche nach entsprechenden Beispielen.

Lautet die Abwertung deines Erfolges „einmal ist keinmal"? Willst du vielleicht deinem inneren Kritiker beweisen, dass dein Erfolg keine Eintagsfliege war? Trau dich, vielleicht in einem anderen Rahmen. Motiviere dich mit „doppelt hält besser". Beispiel: Du warst mutig. Du hast in einer Sitzung eine Aufgabe übernommen, die für dich neu war. Bei einer „Wiederholung" tust du dies im Sportverein, in einer Beziehung oder Ähnlichem.

(E) Gedankenverknüpfungen auf die Spur kommen

Untersuche deine Assoziationen, um dich selbst zu unterstützen. Bei welcher Kette möchtest du gerne eine andere Perle einfügen? Wende dich an deine Freunde, wenn du Unterstützung brauchst.

„Achte auf deine Gedanken, denn sie werden Worte. Achte auf deine Worte, denn sie werden Handlungen. Achte auf deine Handlungen, denn sie werden Gewohnheiten. Achte auf deine Gewohnheiten, denn sie werden dein Charakter. Achte auf deinen Charakter, denn er wird dein Schicksal." (Talmud)

5 Helfen und helfen lassen

Plötzlich ein Pflegefall! Es ließ sich nicht verleugnen. Ich saß im Rollstuhl, gehen war nicht möglich. Pflegestufe 1. Sie öffnete das Tor zur Kurzzeitpflege und zu weiteren Hilfsmitteln. Der Verwaltungsapparat kam in Gang. Pflege – eine besondere Form der Hilfe. Notwendig, weil es nicht anders geht. Ein Eingeständnis der Schwäche, des Nicht-mehr-Könnens. So wie seit einigen Jahren im Leben meiner Eltern. Bei ihnen kam es schleichend. Irgendwann war die Führung eines eigenen Haushalts nicht mehr möglich. Es folgten erst Kurzzeitpflege, dann Altersheim – der endgültige Abschied von einem selbstbestimmten Leben. Und nun ich – ich zog in ein Pflegeheim. Ich versuchte, mich zu trösten: „Es ist nur vorübergehend – nur bis ich vollständig wiederhergestellt bin." Dass für Hilfe gesorgt war, gab mir allerdings Sicherheit. Ich war vor allem dankbar für die Gestaltung des Badezimmers. Eine perfekte Frisur – auch im Rolli möglich, dank eines kippbaren Spiegels über dem Waschbecken. Ebenerdige Dusche mit Sitz – die Voraussetzung für die tägliche Körperpflege. Ein wenig Turnen war dennoch erforderlich: aus dem Rollstuhl auf den Sitz, den Rolli vor Nässe in Sicherheit bringen, den Duschvorhang drapieren, mich kurz nass machen, beim Einseifen nicht vom Sitz rutschen, Seife abspülen, mich so weit abtrocknen, dass der Rolli beim Wechsel nicht nass wurde. Mit der Zeit funktionierte diese Abfolge immer besser. Überall waren Klingeln angebracht. Für den Fall der Fälle. Mit dieser Form der Hilfe konnte ich mich gut anfreunden. Doch ich war in einer Einrichtung, die auf Pflege spezialisiert war. Hier wohnten auch Menschen, die mehr Unterstützung benötigten. Hilfe wurde daher aktiv angeboten, selbst nachts: Licht an, „Ich bin die Nachtschwester, brauchen Sie noch etwas?", „Nein, danke.", Licht aus.

Die Sache mit der Hilfe – ein Geben und Nehmen, zwei Seiten einer Medaille, die bei den meisten Menschen nicht ansatzweise ausgewogen sind. Wer gerne gibt, kann nicht automatisch auch gerne annehmen. Helfen ist beliebt, angesehen. Es macht zufrieden und bereitet Glücksgefühle. Nehmen, gerade wenn es häufiger vorkommt, ist dagegen eine Herausforderung. Für mich und für andere. Dies habe ich im Krankenhaus häufig festgestellt. „Bloß nicht zur Last fallen!", war meine Devise. Der Ablauf auf der Station war stressreich, unabhängig vom Krankenhaus oder der Station, auf der ich lag. Klingeln? Nur in absoluten Notfällen – ansonsten warten ... bis zur nächsten Mahlzeit, bis zum nächsten Rundgang oder auf die Bettnachbarin, die etwas mobiler war. Ich musste die „Kröte" schlucken und mich damit anfreunden, zukünftig Hilfe zu benötigen, in welchem Umfang auch immer. Sie war allerdings groß, blieb mir fast im Halse stecken. Nur nicht an das Wort „bedürftig" denken! Meine Einstellung zum Thema Hilfe musste ich radikal verändern. Ich musste bereit sein, Hilfe zuzulassen, anzunehmen, um Hilfe zu bitten. Auf der anderen Seite wollte ich meinen Alltag wieder wie gewohnt bewältigen, möglichst wenig Hilfe von außen beanspruchen. Für mich war das kein Widerspruch, denn ich trainierte ja „nur" für den Notfall.

Ich überlegte: Wie war ich bisher in meinem Leben mit Hilfsangeboten umgegangen? Als die Kinder klein waren, gab es jede Menge Unterstützung durch Tagesmütter, Haushaltshilfen et cetera. Viele Freundschaften sind aus diesen ursprünglichen Dienstleistungen entstanden. Auch gute Nachbarschaft, in der man sich gegenseitig unter die Arme griff, hatte ich oft erlebt. Doch was war nun angesagt? Dienstleistungen oder Gefälligkeiten oder vielleicht sogar beides? Eine persönliche Assistenz konnte ich mir nicht vorstellen. In meinem Freundes- und Bekanntenkreis habe ich jedoch auch oft miterlebt, wie Freundschaften auseinandergingen, weil die Hilfsbereitschaft zu sehr von einer Seite in Anspruch genommen wurde. Geben und Nehmen müssen eben für beide Seiten passen. Doch ich war im Krankenhaus und danach gar nicht so schnell in der Lage, für eine Balance von Geben und Nehmen zu sorgen. Dies auszuhalten, fiel mir schwer, das schlechte Gewissen nagte an mir.

Familie, Freunde und Bekannte wohnten weit weg, eine Stunde Fahrtzeit pro Strecke war das Minimum. Daher war ich für jeden Besuch dankbar, der Abwechslung in meinen Krankenhausalltag brachte, ich freute mich riesig. Aber eine weitere Falle schlug zu, denn das Kopfkino setzte ein. Alle meine Besucher hatten einen gut gefüllten Alltag. Ich stellte mir vor, wie sie extra für mich Zeit freimachten. Ich erinnerte mich gut an meine Maßstäbe, die ich früher für Ausflüge angesetzt hatte. Der Aufenthalt am Zielort musste deutlich länger sein als die Fahrtstrecken hin und zurück, sonst lohnte sich der Ausflug in meinen Augen nicht. Durfte ich folglich die kostbare Zeit meiner Besucher einfach so annehmen? Bezüglich meiner Kinder kam das Fürsorge-Gen bei mir durch – regelmäßige Besuche hätten ihre eigenen Familien auf Dauer belastet. Ich verstand ihre Situation gut. Wir schlossen einen Kompromiss und ersetzten Besuche durch Telefonate. Gut, dass sich meine Schwester nicht beirren ließ. Sie kam regelmäßig zweimal die Woche ins Universitätsklinikum nach Lübeck, wo ich nach dem Unfall behandelt wurde, und nahm dafür jedes Mal eine Stunde Fahrtzeit pro Strecke auf sich. Ihre Anwesenheit, ihre Berührungen, auch mal gemeinsames Schweigen, das Verstehen ohne Worte taten mir unendlich gut. Ich brauchte Streicheleinheiten für Körper und Seele. Es auszuhalten, wenn es jemandem schlecht geht, ohne ins Jammern zu verfallen, ist eine Gabe. Meine Schwester half mir allein durch ihre Präsenz, es war ein Geschenk – für mich nicht selbstverständlich.

Ein Aufenthalt im Krankenhaus hinterlässt bei jedem Betroffenen Spuren, kratzt am Selbstbild, der Lack ist ab. Manchmal war ich nicht in der Lage, eine Unterhaltung zu führen. Ich kam mir vor wie auf einem anderen Stern. Zufällig fand sich manchmal ein Erdenbewohner an meinem Bett ein und versuchte, mit mir Kontakt aufzunehmen. Er erzählte mir etwas aus seiner Welt – sie war so weit weg. Es war die Welt des anderen, nicht meine. Kein Miteinander, sondern ein Besuch von jemandem, der danach wieder in seine Welt zurückkehrte. Ich konnte die Unruhe, die Hilflosigkeit der Besucher gut verstehen. Wie sollten sie mit mir umgehen? Was konnte man mir zumuten? Wo war die Grenze zwischen Mitfühlen und Mitleiden? Warum verfolgte ich nicht die sorgfältig zusammengetragenen Informationen? Sie wollten mir helfen. Das Helfen ist manchmal ein hartes Brot. Ich war nur ein Schluck Wasser in der Kurve, meine Aufnahmefähigkeit war minimal. Mir fehlte die Kraft, um ein Hilfsangebot überhaupt zu verstehen und annehmen zu können. Wie sollte ich da noch zusätzlich die Kraft zur Lösung meiner Probleme mobilisieren? Dies zu akzeptieren, war für viele Menschen schwer. Ich nahm viel auf anderen Kanälen wahr. Wie fühlte sich der Besucher? War er gerne gekommen, aus einem inneren Bedürfnis heraus? Oder fühlte er sich unwohl? War er vielleicht in Gedanken bei dem, was nach dem Besuch noch gemacht werden musste? Von meinen regelmäßigen Besuchen bei meinen Eltern im Altersheim wusste ich, wie die eigene Stimmung und Haltung sich auf das Zusammensein übertrugen. Ich wünschte mir als Patientin eine Aufmunterung durch den Besuch, Berührungen, Lachen, Leichtigkeit. Alles, was das

Wohlbefinden steigerte, – eine kleine Massage von Händen, Füßen, Nacken, Schulterbereich, ätherische Öle zum Verbessern meiner Stimmung und der Raumluft. Selbst wenn es schwerfällt, als Besucher sollte man drei Dinge beherzigen: Sich nicht durch Apathie und Kraftlosigkeit beeinflussen lassen, denn dies ist nur eine Momentaufnahme, diesen Zustand nicht als mangelnde Wertschätzung ansehen und die Bereitschaft haben, eventuell alles loszulassen, was für den Besuch geplant war, denn manchmal ist es einfach eine Überforderung für den Patienten.

Wie einfach Hilfe sein kann, zeigte mir Conny, eine Krankenschwester. Ich erinnere mich gern an sie. Eines Abends kam sie ins Zimmer mit einer Waschschüssel. „Damit Sie sich ein wenig besser fühlen", sagte sie. Und dann wusch sie mir im Bett die Haare, die strähnig und verschwitzt waren. Seit der Einlieferung hatte ich dazu keine Gelegenheit gehabt. Ich fühlte mich wie neugeboren, war ihr unendlich dankbar. Haare im Bett gewaschen zu bekommen – dass so etwas möglich war, hätte ich mir nie vorstellen können. Noch ein paar Mal machte sie dies von sich aus. Für mich war es nicht selbstverständlich, es gab mir das Gefühl, wieder ein normaler Mensch zu sein. Umso mehr bedauere ich von ganzem Herzen, dass ich sie beim Abschied nicht mit ihrem Namen angesprochen habe. Er war einfach weg – mein Gehirn hat mich im Stich gelassen, aus meinem Mund kam ein anderer Vorname. An ihrer Reaktion habe ich gemerkt, wie fassungslos sie war.

Hilfe in Anspruch nehmen – wie konnte ich mein diesbezügliches Kopfkino erfolgreich ausschalten? Ich stellte zunächst meine Glaubenssätze zusammen:

- der Makel: „Wer Hilfe annimmt, ist schwach."
  Ich machte daraus: Ja, im Moment brauche ich Unterstützung. Ich nehme so viel Hilfe wie nötig an, damit ich wieder ein selbstbestimmtes Leben führen kann.
- die Benimmregel: „Ich darf nicht so viel Zeit oder andere Dinge von anderen beanspruchen."
  Ich machte daraus: Ja, aber ich gehe sorgsam mit anderen Menschen um. Ich nehme das Geschenk des Gebers gerne an, es war seine Entscheidung.
- die Waagschalen: „Geben und Nehmen müssen immer ausgeglichen sein."
  Ich machte daraus: Ja, aber die beteiligten Personen sollen sich dabei wohlfühlen. Ich vertraue darauf, dass es irgendwann einen wie auch immer gearteten Ausgleich gibt.

Ich weiß, dass ich auch in Zukunft Hilfe in Anspruch nehmen werde und muss und bin daher auf der Suche nach anderen Lebensmodellen. „Du hast ja noch deine Familie, ich steh ganz allein da", hörte ich von einem Freund. Es

klang verbittert, traurig. Ja, ich hatte Glück, meine Schwester hat mich tatkräftig unterstützt. Dies ist für mich jedoch eher eine Ausnahme in der heutigen Zeit. Für mich wird das Haus „Hilfe“ von vielen Säulen getragen. Hilfe durch Organisationen, Nachbarschaftshilfe, Pflege von Beziehungen, um ein stabiles soziales Netz aufzubauen, offen für neue Begegnungen zu sein, bereit zu sein, auch selbst einen Beitrag zur Unterstützung anderer zu leisten. Es ist einfacher, als man zunächst denkt.
Das Training begann. Ich sah mich einer Aufgabe gegenüber, die ich im Persönlichkeitstraining ausgelassen hatte: andere Menschen um ein Gefallen zu bitten. Damals waren es „nur“ Zutaten für einen Kuchen, die wir von jemandem erbeten sollten. Nun holte mich diese Herausforderung ein. Statt sofort meine Nachbarn oder Bekannte um Hilfe zu bitten, beschloss ich, erst einmal fremde Personen anzusprechen. Im Alltag ergaben sich dazu viele Gelegenheiten, wenn ich allein im Rollstuhl unterwegs war. Denn die Welt ist nicht barrierefrei. Ich trainierte daher Tag für Tag aufs Neue, um Hilfe zu bitten. Die Bewältigung von Steigungen, das Umklappen von Rampen zum Ein-/Ausstieg in Bussen, das Öffnen von Türen in Kaufhäusern, kurze Strecken im Taxi fahren. Ein Nein kam nur manchmal von Taxifahrern, die auf eine längere Fahrt spekulierten. Dieses Nein konnte ich ohne Probleme akzeptieren. Ein anderer Fahrer sprang meist von ganz allein ein. Es fiel mir mit der Zeit immer leichter, Menschen anzusprechen. Ich merkte,

dass ich meine Bitten so konkret wie möglich fassen musste. Das betrifft vor allem die Situation, wenn ich im Rollstuhl Hilfe bei der Bewältigung von Stufen benötige. Mein Rolli ist auf meine Größe zugeschnitten und hat einen Kippschutz, der die maximal mögliche Neigung bestimmt. Manche Bordsteinkanten oder Eingangsstufen von Geschäften sind allerdings höher. Das ist eine Herausforderung für alle Beteiligten. Vorwärts eine Stufe runter oder rückwärts eine Stufe hoch ist zwar für den Helfer die leichtere Variante – für mich ist es jedoch mit der Gefahr verbunden, aus dem Rollstuhl zu rutschen und auf der Straße zu landen. Ich hänge dann wie ein Klammeraffe im Rollstuhl und versuche, mich möglichst weit nach hinten zu lehnen. Manchmal gebe ich daher Hilfestellung, denn viele Menschen haben noch nie einen Rolli angefasst oder geschoben. Dies macht es für beide Seiten etwas leichter. Dabei habe ich gelernt, ganz genau zu sagen, was zu tun ist.

Hilfe & du

Wie stehst du zum Thema „Hilfe"? Bist du eher ein Geber- oder ein Nehmer-Typ? Welche Erfahrungen hast du in deinem Leben mit Hilfsangeboten gemacht? Mithilfe der folgenden Fragen kannst du mehr über dich herausfinden.

1. Kleiner Check: die zwei Seiten der Medaille „Hilfe" in deinem Leben. Welche Wortketten kommen dir zu folgenden Begriffen in den Sinn?
   a) Hilfe >
   b) Hilfe annehmen / sich helfen lassen >
   c) Helfen >
2. Geben & Nehmen
   Wie schätzt du dich ein? Sind bei dir diese beiden Aspekte der Hilfe gleich stark vertreten?
   Blockst du im Normalfall Hilfsangebote von vornherein ab?
   Fühlst du dich verpflichtet, Hilfsangebote auszusprechen?
   Stehst du „in der Schuld", wenn du Hilfe annimmst?
   Kennst du „Regeln" für diesen Bereich aus deiner Kindheit?
3. Als Geber
   Zu welcher Art von Hilfe bist du bereit? (Hilfe in Form von Geld, Zeit, Tätigkeiten usw.)
   Ist dein Engagement abhängig von der Person, die die Hilfe bekommt?
   (Geldspenden nur an Organisationen, bei Kollegen/Bekannten/Freunden eher Hilfe zur Selbsthilfe usw.)
   Wenn du hilfst: Was machst du, was nicht jeder machen würde?
   Wie fühlst du dich, wenn du gibst/hilfst?

4. Als Nehmer

   Um Hilfe bitten bei: Fremden, Arbeitskollegen, Nachbarn, Freunden, Familienangehörigen

   Mit welchen Bitten würdest du dich an welche der verschiedenen Personengruppen wenden?

   Gibt es Bitten, die nur eine bestimmte Personengruppe erfüllen kann/soll? (Würdest du zum Beispiel auch eine fremde Person bitten, dir den Rücken zu massieren?)

   Kannst du anderen dein Unwohlsein anvertrauen?

   Wie fühlst du dich, wenn du Hilfe annimmst?

5. Die letzten Monate im Überblick
   a) Welche Gefälligkeiten/Hilfen hast du in Anspruch genommen?
   b) Welche Hilfestellungen/Hilfsleistungen hast du gegeben?

6. Wo hört bei dir die Freundschaft auf, wenn es um Hilfe geht?

Manchmal bekomme ich ganz spontan ein Hilfsangebot, wenn ich im Rolli sitze. Vor einem Ständer mit Postkarten wurde ich mal gefragt: „Soll ich Ihnen eine bestimmte Karte hinunterreichen?" Beim Frühstücksbuffet im Hotel vor der Kaffeemaschine bot mir jemand an: „Darf ich Ihnen das Getränk abnehmen?" Eine Nachbarin erkundigte sich: „Sollen wir dir beim Einkaufen etwas mitbringen?" Wenn ich dann dankend ablehne, kommt oft der Satz: „Ich möchte doch nur helfen." Ich spüre Unsicherheit (Habe ich etwas falsch gemacht?), Hilflosigkeit (Ich meine es doch nur gut.), Schmerz und Enttäuschung (Ich werde abgelehnt.). Früher habe ich selbst in solchen Fällen gedacht: „Jetzt habe ich extra meine Hilfe angeboten und dann wird sie abgelehnt – dabei sehe ich doch, wie schwierig es ist!" Ich habe mir deshalb inzwischen angewöhnt, noch eine kleine Ergänzung anzubringen: „Danke, nein, dies gelingt mir gut, gerne ein anderes Mal."

Viele Menschen können sich nicht vorstellen, dass für mich die Bewältigung des Alltags eine Fülle von Erfolgserlebnissen mit sich bringt. Ich lebe allein, muss für alles eine Trittleiter nehmen, was ich nicht mit ausgestrecktem Arm gut erreichen kann. Bei meiner Körpergröße von 1,57 m passiert dies öfter. Einmal hatte ich Besuch, der mir gerne helfen wollte. Ich lehnte ab, kletterte auf meinen Rolltritt, um Geschirr aus dem Schrank zu nehmen. Für mich war das eine ganz normale Tätigkeit, für den anderen aufgrund meiner Prothese vielleicht angstbesetzt. „Das hätte ich ja auch machen können", sagte mein Gast, „dann hättest du nicht klettern müssen." Stimmt, ich hatte jedoch abgelehnt. Ich musste tief durchatmen. Es brauchte etwas Zeit, bis die Situation aufgelöst war. Aus der Sicht des Helfers sollte und kann eine Hilfe immer nur ein Angebot sein. Was sollte ich schließlich an den anderen 364 Tagen im Jahr machen, wenn ich Geschirr aus dem Schrank holen wollte und niemand da war?

Während der Früh-Reha kämpfte ich mit erschwerten Bedingungen, da ich meine Füße nicht einsetzen konnte: links war keiner mehr da, den rechts durfte ich nicht belasten. Den Rolli konnte ich nur mit den Händen fortbewegen. Ein spezielles Rollstuhltraining wurde nicht angeboten. In anderen Häusern gab es für Querschnittpatienten besondere Programme, bei denen die Bewältigung von Treppenstufen, das Fahren auf Rolltreppen und so weiter geübt wurden. Das hätte mir im Alltag sehr geholfen. All das allein, ohne Hilfestellung zu probieren, traute ich mich nicht, vor allem nicht mit der Rolltreppe runterzufahren. Und rauf? Das machte mir nicht so viel Angst. Ich wollte es auf jeden Fall einmal versuchen. Bei einer kleinen Rolltreppe hatte ich es schon ausprobiert. Diese war nicht sehr lang gewesen und schmal, sodass ich mich gut an den Haltebändern festhalten konnte. Ich wartete auf einen günstigen Augenblick – er kam, als ich mit meinem Sohn und seinem besten Freund zusammen unterwegs war. Wir waren an der damals gerade neuen U-Bahn-Haltestelle der U4 in der Hamburger HafenCity ausgestiegen und wollten nach oben. Eine lange Rolltreppe führte hinauf. Ich hatte zwei starke junge Männer hinter mir. Zwischen Sicherheitsbedürfnis, Angst und Neugier hin- und hergerissen wagte ich es. Ich rollte auf die Rolltreppe zu, breitete meine Arme aus. So hatte ich es bei der anderen gemacht. Diese Rolltreppe war jedoch breiter als die bei meinem Erstversuch. Ich hatte

Mühe, mit den Händen die Seitenbänder zu fassen, lehnte mich ganz nach vorne. Es war ein „Fast"-Gefühl – ich glitt fast aus dem Rollstuhl, meine Hände waren kurz vor dem Abrutschen und meine Arme brannten, ich hatte das Gefühl, sie würden mir ausgerissen. Da sah ich das Tageslicht, das Ende der Rolltreppe war in Sichtweite. Ich hatte es geschafft, war stolz wie Oskar. „Das reicht fürs Erste", dachte ich bei mir. Es musste noch leichter gehen, bevor ich mich allein auf eine solche Rolltreppe wagen würde. Und irgendwann wollte ich es auch einmal die Rolltreppe hinunterschaffen.

Manchmal brauche ich einfach Unterstützung für ein „großes" Erfolgserlebnis. Rolltreppen sind immer noch ein Übungsfeld. Doch was tun, wenn der Aufzug oder die Rolltreppe zum Gleis zwar vorhanden ist, aber nicht funktioniert? Oder wenn eine U-Bahn-Station keinen Aufzug und keine Rolltreppe hat? Barrierefreiheit ist in aller Munde, aber nicht überall tatsächlich vorhanden. In der Regel greift dann Plan B – Umwege mit anderen Verkehrsmitteln (zum Beispiel Bus oder Taxi) in Kauf nehmen – oder Plan C – mañana: mich in Geduld üben, vor allem wenn ich mich auf dem Hinweg befinde.

Aber wie sollte ich mit der Angst vor einem Nein von Familienangehörigen, Freunden oder Bekannten umgehen? Was wenn eine meiner Bitten von einem nahestehenden Menschen abgelehnt wurde? Aus Furcht vor den Folgen zögerte ich. Aber die Erfahrung lehrte mich: Um Hilfe zu bitten, klappt im persönlichen Umfeld genauso wie bei fremden Personen – solange es eine „richtige" Bitte ist. Wenn die Wunscherfüllung von der Person abhängt, handelt es sich um eine Forderung. Das Kopfkino setzt trotzdem unwillkürlich ein, wenn die Antwort negativ ausfällt. Wir alle haben eine bestimmte Vorstellung von Unterstützung, Verständnis, Entgegenkommen und natürlich auch Wünsche. Die Person, die gefragt wird, spürt intuitiv, ob eine Frage ergebnisoffen ist.

Ein Beispiel: Du fragst Person X, ob sie mit dir am Abend ins Kino, in den Film XYZ gehen möchte und erntest ein Nein. Szenario Nummer 1: Du fühlst dich abgelehnt, denn dein sehnlichster Wunsch ist eigentlich das Zusammensein mit dieser Person. Kino und Film sind unwichtig. Nur Person X kann dir deinen Wunsch erfüllen. Damit ist es eine Forderung. Du würdest das Nein trotz allem besser verkraften, wenn Person X ergänzt hätte: „Ich bin heute so müde, ich möchte mich gerne ausruhen." Szenario Nummer 2: Du bedauerst die Ablehnung, gehst aber entweder allein ins Kino oder wendest dich an eine andere Person. Dir sind der Film und das Kinoerlebnis wichtig, die Wunscherfüllung hängt nicht von der Person ab. Daher ist es eine „echte" Bitte.

Zwei Dinge solltest du beachten, wenn du eine Bitte an jemanden richtest:

a) Die Bitte muss konkret sein, damit sie erfüllbar ist. Also statt: „Kannst du mir bitte mal dein Auto leihen?" Besser: „Ich brauche morgen ein Auto von 10 bis 12 Uhr zum Einkaufen. Wärst du bereit, mir deins zu geben?"

b) Wenn du ein Nein als Antwort bekommst, analysiere deine Reaktion darauf. Sie zeigt, ob du eine Bitte oder eine Forderung gestellt hast. War es eine Bitte, gehst du ohne Weiteres auf eine andere Person zu oder findest eine andere Lösung. War es hingegen eine Forderung, wirst du wahrscheinlich an der Beziehung zu der Person, die du gebeten hast, zweifeln.

Bitten & du

Fallen dir spontan Situationen ein, in denen deine Bitten abgeschlagen wurden? Prüfe: Waren es „echte" Bitten? Wie konntest du mit dem Nein umgehen?
Und andersherum: Du wurdest um eine Gefälligkeit gebeten. Wie hast du reagiert? Wann fiel dir ein Ja ganz leicht? Welche Formulierung hatte dein Gegenüber verwendet?

Um dir den Unterschied zwischen Bitten und Forderungen noch weiter zu verdeutlichen, folgen nun einige Beispiele aus dem Alltag, die auch zeigen, dass eine Bitte möglichst konkret formuliert werden sollte.

(A) Du möchtest einen Termin beim Arzt vereinbaren:

„Ich brauche einen Termin in den nächsten vier Wochen." Dies ist eine konkrete Bitte, wenn du nicht auf einen bestimmten Arzt oder diese Praxis fixiert bist. Bei einem Nein könntest du auf einen anderen Arzt oder eine andere Praxis ausweichen.

„Ich brauche diese Woche einen Termin bei Doktor X." Dies ist eine Forderung, da sie auf eine bestimmte Person fixiert ist.

(B) Du benötigst Unterstützung:

„Ich habe einen schweren Koffer und muss die Treppe hoch – wären Sie bereit, ihn mir nach oben zu tragen?" Das ist eine konkrete Bitte. Wenn die angesprochene Person verneint, kannst du jemand anderen fragen.

„Ich möchte die Packung aus dem Regal ganz oben. Wären Sie bereit, sie mir zu geben?" Dies ist ebenfalls eine konkrete Bitte.

„Ich möchte ans obere Regal. Kann mir jemand helfen?" Dies ist nicht konkret genug formuliert, in diesem Fall ist es Glückssache, ob jemand reagiert.

(C) Du möchtest dich im Bus hinsetzen:

„Eigentlich könnte ja mal jemand aufstehen ..." Dies ist eine unkonkrete Aussage.

„Kann ich Ihren Sitzplatz haben?" Dabei handelt es sich um eine Forderung.

„Ich kann während der Fahrt nicht gut stehen, wären Sie bereit, mir Ihren Sitzplatz zu überlassen?“ Das ist eine konkrete Bitte.

Hilfe – wo fängt sie an, wo hört sie auf? Hilfe ist für mich alles, was meine Situation nach dem Unfall verbessert hat, sei es körperlich oder seelisch. Der Kreis meiner Helfer ist groß: Ärzte, Therapeuten, Nachbarn, Bekannte, Freunde, Familienangehörige, alle, die ich um Hilfe gebeten habe, und alle, die mir ihre Hilfe angeboten haben. Dazu gehören für mich auch alle Impulsgeber, alle, die mir ein Lächeln aufs Gesicht gezaubert haben. Manchmal kam die seelische Aufmunterung genau zum richtigen Zeitpunkt. Drei Momente, an die ich mich sehr gerne erinnere, möchte ich im Folgenden schildern.

Eine ganz besondere Taxifahrt

Es geschah während meiner Früh-Reha. Ich war wie immer im Rollstuhl unterwegs – ich hatte damals noch keine Prothese und mein rechtes Bein war nicht belastbar. Nicht immer funktionierte allerdings die Fortbewegung mit Bus und Bahn, dann habe ich mir ein Taxi genommen. Für den Einstieg ins Auto hatte ich schon eine Routine entwickelt. Die Beifahrertür wurde geöffnet, ich stellte den Rolli schräg zum Sitz, nahm die Beine hoch, stützte mich dann mit beiden Armen am Auto ab und ließ mich auf den Autositz gleiten. Eine dieser Taxifahrten zaubert mir noch heute ein Lächeln ins Gesicht. Der Taxifahrer war ein junger, sehr muskulöser Mann. Schon beim Einsteigen wollte er mich unterstützten. Ich winkte ab: „Danke, das geht ganz gut allein“, und zeigte es ihm. Mit einem Lächeln fuhr ich fort: „Und ich wiege auch einiges.“ Das war das Stichwort für ihn. Er erzählte mir, dass er früher an Boxwettkämpfen teilgenommen hatte und immer noch täglich Gewichte stemmte, um seine körperliche Konstitution zu erhalten. Er reckte einen Arm hoch, um mir seine Muskeln zu zeigen. Zwei Jahre zuvor hatte ich selbst Boxen in einem Einzeltraining kennengelernt. Durch Zufall war ich auf Derya Torun gestoßen, eine zierliche junge Frau mit einer beeindruckenden Karriere im Kickboxen und Boxen. Meine Einstellung zum Boxen hatte sich damals radikal geändert. Ich erzählte dem Taxifahrer davon, wie Derya mich anfeuerte, alles zu geben, und schwärmte vom Pratzentraining. So tauschten wir auf der kurzen Fahrt unsere Erfahrungen aus und lachten gemeinsam. Am Zielort lud er den Rolli aus, öffnete die Wagentür und überraschte mich mit einer Bitte: Er wollte mir gerne zeigen, wie stark er war. Er fragte, ob er mich aus dem Wagen heben dürfe. Ich ließ es zu. Für mich war es ein unglaubliches Erlebnis – das erste Mal, dass ich auf Händen getragen wurde. Was für ein Geschenk!

Musikauswahl

Als ich wieder in einem Projekt arbeitete, pendelte ich regelmäßig zwischen Hamburg und München. An einem Donnerstagabend kam der Flieger aus München verspätet an. Am Taxistand hatte sich eine lange Warteschlange gebildet, sodass ich froh war, irgendwann in einem Taxi zu sitzen. Ich war müde, verärgert und sehnte mich danach, endlich zu liegen und die Prothese ausziehen zu können. Denn das Tragen der Prothese, insbesondere in Verbindung mit langem Stehen, führt immer wieder zu einer Schieflage in meinem Becken. „Soll ich das Radio anmachen oder etwas singen?“, fragte mich der Taxifahrer, nachdem ich ihm meine Adresse genannt hatte. Ich nahm ihn beim Wort: „Singen natürlich“, war meine spontane Antwort. Er hatte eine schöne, warme, dunkle Stimme und ich genoss die iranischen Lieder, die er sang. Als ich ausstieg, war mein Ärger verflogen. Schade, dass die Fahrt nur kurz war.

Zwei Beine gegen zwei Räder

Nach der Stumpfkorrektur war ich 2019 wieder einmal für sechs Wochen auf den Rollstuhl angewiesen. Ich verbrachte einen Kurzurlaub in Warnemünde mit einem guten Freund. Die Strandpromenade ließ sich mit dem Rolli gut befahren. „Lust auf ein Wettrennen? Zweibeiner gegen

Rolli?“, schlug ich meinem Freund vor. Er war einverstanden. „Los geht’s!“, rief ich, legte die Hände an die Greifreifen, und fuhr los. Auf der Geraden war ich schneller, bei Steigungen mein Freund. Unentschieden. Wir hechelten, japsten und lachten. Unsere gute Laune übertrug sich auf die anderen Passanten. Sie blieben stehen und lächelten zurück.

Meine Einstellung zur Hilfe hat sich in den letzten Jahren geändert. Beides ist freiwillig, das Hilfsangebot und die Annahme von Hilfe. Ich kann und darf Hilfe ohne schlechtes Gewissen in Anspruch nehmen. Ein Dank gibt Wertschätzung zurück, darüber hinaus gibt es weder eine Verpflichtung noch eine emotionale Abhängigkeit. Dies war für mich ein großer Lernschritt – und ein Segen für Beziehungen. Wie viel Zeit ein Besucher investiert, um mich zu sehen, ist nicht meine Angelegenheit. Er allein trifft diese Entscheidung. Früher hatte ich meist die Haltung: „Geht nicht, gibt’s nicht.“ Dies führte auch nach meinem Unfall oft dazu, dass ich ein Schulterklopfen mit dem Spruch „Du schaffst es, du machst das schon!“ erntete. Es war anerkennend gemeint, ich hatte bisher schließlich vieles gemeistert. Wahrscheinlich trug ich den Satz „Alles ist okay, ich brauche keine Hilfe.“ für alle, die mich kannten, sichtbar vor mir her. So kam es zu unerfüllten Erwartungen auf beiden Seiten. Denn manchmal hätte ich mir vor allem ein offenes Ohr für meine Sorgen gewünscht. Der typische Kommentar meiner Kinder, wenn ich das im Nachhinein äußerte, war: „Warum sagst du dann nichts?“ Weil ich noch der Meinung war, dass meine Wünsche offensichtlich waren. „Lest es mir doch bitte von den Augen ab“, dachte ich. Oder: „Ihr könnt es doch sicherlich erraten!“ Mittlerweile kokettiere ich etwas damit. Ich weiß, dass ich nur etwas zu sagen brauche und umgehend Unterstützung bekommen würde. Bisher war es mir jedoch noch nicht wichtig genug.

Viele Gesunde haben wenig Berührungspunkte mit Personen, die in ihrem Alltag eingeschränkt sind, – egal, ob diese im Rollstuhl sitzen, auf Krücken oder mit Prothese gehen oder eine gänzlich andere Behinderung haben. Solltest du im Alltag mal auf einen Menschen im Rollstuhl oder mit einer körperlichen Einschränkung treffen, halte dich doch zukünftig an ein paar Regeln, die euch beiden die Situation erleichtern.

(Λ) Kommuniziere auf Augenhöhe – im wahrsten Sinne des Wortes. Es ist ein ziemlich erniedrigendes Gefühl und außerdem anstrengend, während eines Gesprächs permanent nach oben sehen zu müssen. Da es nicht immer eine Sitzgelegenheit gibt, um das zu realisieren, kannst du dich während des Gesprächs auch in einem respektvollen Abstand vor den Rollstuhl stellen, sodass du und dein Gesprächspartner Augenkontakt haben könnt.

(B) Sprich den Rollstuhlfahrer direkt an und unterhalte dich ganz normal mit ihm. Er ist ein Mensch wie du, kein Exot. Auch Lachen ist erlaubt!

(C) Fasse nicht unaufgefordert den Rolli an oder beginne zu schieben. Das ist übergriffig.

(D) Wenn du mit Bus oder Bahn unterwegs bist, achte darauf, die Bereiche für Rollstuhlfahrer freizuhalten beziehungsweise bei Bedarf freizumachen. Die entsprechenden Plätze in den Fahrzeugen sind nicht umsonst vorgesehen. Der Konkurrenzkampf mit Koffern oder Ähnlichem ist ziemlich lästig. Ebenso solltest du in Cafés, Restaurants et cetera darauf achten, dass ein anwesender Rollstuhlfahrer Freiraum am Tisch hat.

(E) Biete deine Hilfe an, wenn du glaubst, dass Hilfe erforderlich ist. Beachte jedoch, dass diese ein Angebot ist und akzeptiere auch ein Nein. Überlasse dem anderen die Entscheidung, ob er Hilfe braucht und von dir annehmen möchte.

(F) Eine übermäßige Anteilnahme oder Mitleidsbekundung ist nicht angebracht. Fragen wie „Darf ich fragen, wie das passiert ist?“ beantworte zumindest ich nur Kindern.

„Respekt fragt, ob Hilfe erwünscht ist.“ (Torsten Marold)
„Man hilft den Menschen nicht, wenn man für sie tut, was sie selbst tun können.“ (Abraham Lincoln)

6 Stärken stärken

Auf einer Spruchkarte las ich einst: „Ich fühle mich, als könnte ich Bäume ausreißen. Also, kleine Bäume. Vielleicht Bambus. Oder Blumen. Na gut. Gras. Gras geht." Manchmal geht noch nicht einmal Gras. Wie auch, wenn man sich gefühlt unter der Grasnarbe befindet? Von unserer körperlichen und geistigen Verfassung schließen wir auf unsere innere Stärke. Doch wo soll die Stärke herkommen, wenn wir in einem Meer aus Schwäche baden? Ich möchte dir Mut machen: Jeder Mensch verfügt über sieben innere Stärken. Vielleicht gab es bisher in deinem Leben noch nicht die Gelegenheit, um sie hervorzuholen. Doch um es mit Bob Marley zu sagen: „Du weißt nie, wie stark du bist, bis stark sein die einzige Wahl ist, die du hast." Daher lohnt es sich, diese inneren Kräfte und Impulsgeber kennenzulernen, sie zu stärken wie Muskeln an den Stellen, wo es nötig ist. Selbst, wenn du bereits kleine Bäume ausreißen könntest – eine Investition in dein inneres Team lohnt sich auf jeden Fall, mindestens für die nächste(n) Krise(n).

Mentale Zeitreise

Jeder Mensch hat andere Vorlieben und Talente. Um herauszufinden, welche Fähigkeiten du bereits eingesetzt hast, möchte ich mit dir auf eine kleine Reise gehen. Sie dauert etwa eine halbe Stunde. Begib dich dafür an einen Ort, an dem du nicht gestört wirst und dich wohlfühlst. Vielleicht magst du dir auch gerne eine Decke über die Knie legen. Ich habe dir den Ablauf der Reise zusammengestellt. Lies ihn dir vorab einmal durch. Dann weißt du, wohin es geht und worauf du achten sollst. Die einzelnen Schritte bauen ganz selbstverständlich aufeinander auf.

- Entspannung

Schließe die Augen. Atme mehrmals tief ein und aus. Sprich beim Einatmen innerlich den Satz: „Ich atme Ruhe ein." Und beim Ausatmen den Satz: „Ich lasse Anspannung los." Nun wanderst du liebevoll durch deinen Körper. Schenke jedem einzelnen Körperteil, jedem Muskel, jeder Faser deine Aufmerksamkeit. Wenn du irgendwo Spannung fühlst, lass sie los. Wenn du das Gefühl hast, zur Ruhe gekommen zu sein, bist du bereit für den nächsten Schritt.

- Dein innerer Film

Lass vor deinem inneren Auge die Worte „meine Herausforderung" auftauchen. Du weißt, ohne nachzudenken, welche Situation damit gemeint ist. Du wanderst zurück in die Zeit, als es zu dieser Situation kam, als alles begonnen hat. Welche Gefühle steigen in dir auf? Ohnmacht, Angst,

Verzweiflung, Widerstand? Wie stark sind sie? Wo ist das Ziel, das du erreichen wolltest? Fühlst du dich zu ihm hingezogen und willst es unbedingt – trotz Schmerzen und Anstrengungen – erreichen? Vielleicht fühlst du, dass ein starkes Band dich mit diesem Ziel verbindet. Löse dich nun aus dieser Situation. Wie ging es weiter? Spule wie bei einem Film nach vorne. Nimm im Zeitraffer voller Neugierde auf, was dir begegnet. Wie hast du darauf reagiert? Nimm auch deine Umwege auf dem Weg zum Ziel liebevoll wahr. Stoppe an dem Punkt, an dem du mit der großen Herausforderung konfrontiert wurdest und sie, in welcher Form auch immer, bewältigt hast. Was fühlst du in diesem Moment? Stolz und Klarheit oder Resignation und Enttäuschung? Bist du am Ende deiner Kräfte? Löse dich nun aus der vergangenen Situation – betätige in Gedanken die Stopptaste und halte den Film an. Die Bilder werden immer kleiner, bis sie schließlich verschwinden. Was für ein wunderbarer emotionsgeladener Film!

- Rückkehr

Komme langsam in die Gegenwart zurück. Dein Puls und deine Atmung pegeln sich wieder auf Normalniveau ein. Strecke und räkele dich. Nimm einen tiefen Atemzug, dann öffne die Augen. Willkommen zurück! Rekapituliere nun, was du zur Bewältigung der Herausforderung getan hast. Was hat dir dabei besonders gefallen?

In meinem Film hat mein Lebenswille die Regie übernommen – und der ist ziemlich stark, mich dagegen zu wehren unmöglich. Ich wollte wieder auf zwei Beinen durchs Leben gehen, natürlich am liebsten im Handumdrehen. Meine Zauberwaffe war mein Durchhaltevermögen – sie hatte mir in meinem Leben schon oft geholfen. Mein Glück war, dass ich nicht wusste, was auf mich zukam. Es gab mal kleine, mal große Steine auf dem Weg, die ich Schritt für Schritt wegräumte. Meine Naivität half mir dabei, auf ein gutes Ende zu vertrauen und die Hoffnung nicht aufzugeben, egal, wie aussichtslos die Lage auch war. Hätte ich von vornherein den Steinhaufen aus Aufgaben, den ich zu bewältigen hatte, als Ganzes gesehen – ich hätte sicherlich gar nicht erst angefangen. Mein Gehirn hat mitgespielt. Es war im Sparmodus und deshalb war ich nicht aufnahmefähig für medizinische Bücher rund um Amputationen. Gut so, denn ab war ab, und das schwarz auf weiß zu lesen, hätte mich wahrscheinlich völlig demotiviert. Meine Sorge war stattdessen der offene Bruch rechts mit der Lappenplastik. Für die Heilung wäre es toll gewesen, einen Wundertrank wie den von Miraculix aus den Asterix-Geschichten zu haben. Aber so etwas war leider nicht verfügbar. Ein kleiner Ersatz war immerhin ein „Zauberstab“, der mit Schallwellen gegen Schmerzen half. Ich hatte ihn zum Testen von einem Physiotherapeuten bekommen – Muskulatur und Gewebe sollten ebenfalls davon profitieren. Endlich konnte ich selbst etwas tun, ich nutzte ihn fleißig mehrmals am Tag.

Meine Route zurück in den Alltag war von mehreren Steinen blockiert, die es galt, aus dem Weg zu räumen. Der erste Stein: eine Dreiecksbeziehung im Krankenhaus – und zwar völlig anders als aus Filmen, Serien und Büchern bekannt. Es war eine wahre Herausforderung, immer wieder mein Bett wechseln zu müssen. Ich wurde zwischen zwei Männern hin- und hergereicht. Jeder von ihnen bestand darauf, dass ich mich mehrere Tage hintereinander in seinen Gemächern aufhielt, obwohl er sich jeden Tag nur wenige Minuten um mich kümmerte. Die leidenschaftliche erste Phase im OP lag hinter uns. Die beiden Männer waren Ärzte auf den Stationen für „normale" und plastische Chirurgie. Der eine war zuständig für meine Amputation und den Bruch, der andere für meine Lappenplastik, das „Kunststopfen" am rechten Bein und die Hautentnahmen. Beide wollten den jeweiligen Genesungsprozess begleiten und so war ich immer auf Reisen. Die „normale" Chirurgie befand sich im Haupthaus des Krankenhauses. Dort gab es 2-Bett-Zimmer mit angeschlossenem Bad. Ein angenehmes Ambiente. In der Nähe befand sich ein kleines Café, das ich mit zunehmender Mobilität häufig besuchte. Die Station der plastischen Chirurgie war zum damaligen Zeitpunkt in auf dem Krankenhausgelände aufgestellten Containern untergebracht. Womit ich nicht gerechnet hatte: Die Belegung – ich war die Fünfte im Bunde. Käfighaltung.

Ich war schockiert – keine Privatsphäre und eine erhöhte Geräuschkulisse. Wie sollte ich das nur aushalten? Die anderen konnten sich bewegen, ihr Aufenthalt war meist nur von kurzer Dauer. Ich war die einzige Person, die auf einen Rolli angewiesen war. Daher bekam ich das Bett an der Wand. Der Platz neben dem Bett reichte gerade für den Rolli, Platz zum Wenden und Drehen gab es nicht. Die Zimmertür war fast immer offen, vom Bett aus hatte ich freie Sicht auf Dusche und WC auf der anderen Seite des Flures. Die Fahrt zum WC war ein Abenteuer – schaffte ich eine Punktlandung vor der WC-Tür? Ich spielte mit der Bande, bremste, stieß mich mit den Händen an den Wänden ab, statt zu rollern. Es war eng und der Rolli unhandlich. Schwieriger war es, wenn die Zimmertür mal geschlossen war. Dann kam mir ein Besucher oder eine Zimmernachbarin zur Hilfe. Ich haderte mit mir und dem Krankenhaus. Warum konnte ich nicht einfach auf einer Station bleiben? Die Antwort war klar – die Betten in der „normalen" Chirurgie waren knapp bemessen, wurden für neue Patienten gebraucht. Rückblickend war es ein Abenteuer, ein Trainingslager. Und ich weiß die gute Arbeit des plastischen Chirurgen zu schätzen, ich hatte keine Hautablösungen, keine Komplikationen. Dafür bin ich ihm sehr dankbar. Jede Rückkehr ins Haupthaus war für mich allerdings Luxus pur.
Der zweite Stein: meine Erwartungen. Ich trainierte regelmäßig, denn die Qualifikation für das Früh-Reha-Programm

stand an. Der Transfer musste geübt werden: vom Bett in den Rollstuhl, zur Toilette oder ins Auto und wieder zurück. Ich spürte, wie meine körperlichen Kräfte langsam zurückkamen – ein Glücksgefühl, etwas erreichen zu können, etwas geschafft zu haben. Für mich glich dies den unzähligen ersten Malen, die ein Kind erlebt: stehen können, die Schranktür öffnen, die Schublade entdecken und ausräumen, ... Unabhängigkeit und Selbstbestimmung sind für mich lebenswichtig. Ich stürzte mich daher darauf, möglichst bald wieder gesund zu sein.

In der Früh-Reha kam dann am Anfang jedes Monats die Stunde der Wahrheit: die Überprüfung der Heilung meines rechten Beines. Beim zweiten Mal reichte ein Satz, um mich von einer Sekunde auf die andere in ein tiefes Loch zu stürzen: „Das rechte Bein ist noch nicht belastbar!" Einen weiteren Monat hoffen und bangen – ich war verzweifelt. Wie sollte ich so mein weiteres Leben planen? Ich war von einem Zeitraum von maximal zwei Monaten in der Früh-Reha ausgegangen. Es war der längste Zeitraum, den ich in der Kurzzeitpflege eines Seniorenheims in Anspruch nehmen konnte. Meine gesamte Planung fiel daher in sich zusammen wie ein Kartenhaus. Ich war verzweifelt, jammerte meiner Schwester die Ohren voll. Liebevoll holte sie mich wieder auf den Boden der Tatsachen zurück. Und ich habe schließlich akzeptiert, dass mein Bein andere Wege ging. Die Hoffnung auf Genesung und der Wunsch, wieder selbstbestimmt leben zu können, haben mir geholfen durchzuhalten. Ich glaube, ohne eine große Portion Hoffnung geht im Leben generell vieles nicht.

Deine inneren Stärken: Hoffnung, Optimismus, Widerstandsfähigkeit, Selbstwirksamkeit

Ich möchte dich jetzt zunächst mit vier deiner inneren Stärken im Einzelnen bekannt machen. Überprüfe für dich, ob und in welchem Umfang du sie bereits eingesetzt hast. Denke zunächst an eine herausfordernde Situation, die du bewältigt hast. Es kann die aus deiner mentalen Zeitreise oder auch eine andere sein. Gehe nun unten stehende Liste mit Aussagen zu jeder Stärke durch. Diese geben dir einen Hinweis, in welchen Bereichen du für dich noch etwas mehr tun kannst. Manchmal trifft vielleicht nur eine einzelne Aussage nicht auf dich zu, ein andermal sind es mehrere Neins bei einer Stärke. Gehe dabei liebevoll mit dir um, denn deine Stimmung beeinflusst das Ergebnis. Nimm dieses wiederum als Angebot an, den einen oder anderen Bereich im Auge zu behalten.[2]

- innere Stärke Hoffnung

Wie stark (auf einer Skala von 1 – sehr gering – bis 10 – sehr groß –) war deine Hoffnung, die herausfordernde

---

[2] Mehr über innere Stärken findest du in Ilona Bürgels Buch „Psychische Ressourcen im Job". [2]

Situation bewältigen zu können? Hast du dir Ziele gesetzt und daran festgehalten? Wie sicher warst du dir, diese Ziele erreichen zu können?

Welche der folgenden Aussagen treffen auf dich zu?

1. Ich setze mir selbst Ziele.
2. Ich nehme mein Schicksal selbst in die Hand.
3. Ich weiß, dass ich meine Ziele erreichen kann.
4. Ich halte durch, wenn ich etwas erreichen will.
5. Wenn ein Weg nicht zum Ziel führt, gehe ich einen anderen.
6. Ich gehe für ein großes Ziel mehrere kleine Schritte.

Mir hat es geholfen, Teilziele festzulegen, sodass ich immer wieder kleine Erfolgserlebnisse auf dem Weg zum Endziel hatte, dadurch konnte ich Rückschläge gut wegstecken.

- innere Stärke Optimismus

Wie groß (auf einer Skala von 1 – sehr gering – bis 10 – sehr groß –) war deine Zuversicht, dass alles ein gutes Ende nehmen wird?

Welche der folgenden Aussagen treffen auf dich zu?

1. Ich habe viel Gutes erlebt und das wird auch so bleiben.

2. Vieles, was mir passiert, kann ich beeinflussen und tue dies auch.
3. Ich passe mein Verhalten der jeweiligen Situation an.
4. Ich suche nach Unterstützung, wenn ich sie brauche.
5. Ich gehe offen auf andere Menschen zu.
6. Ich weiß stets, was ich tue, und habe die dafür nötigen Fähigkeiten.

Ich habe selbst erlebt, dass ich Einfluss auf Situationen nehmen kann und dem Geschehen nicht passiv ausgeliefert bin. Dafür muss ich für mich klären, wann ich auf andere vertrauen kann und wann ich selbst aktiv werden muss. Für Letzteres ist es gut, nicht nur einen Plan, sondern auch einen Plan B oder C im Hinterkopf zu haben. Den richtigen Mix zu finden, ist dabei oft nicht leicht. Letztendlich liegt die Verantwortung für das eigene Leben aber immer bei einem selbst.

- innere Stärke Widerstandsfähigkeit

Wie gut (auf einer Skala von 1 – sehr schlecht – bis 10 – sehr gut –) kannst du im Allgemeinen mit Problemen umgehen? Was tust du konkret, um mit schwierigen Situationen klarzukommen?

Welche der folgenden Aussagen treffen auf dich zu?

1. Ich lasse mich nicht entmutigen. Wenn etwas beim ersten Versuch nicht klappt, klappt es beim nächsten Mal.
2. Ich bin schon gestärkt aus Problemsituationen hervorgegangen.
3. Ich komme nach Rückschlägen/Enttäuschungen immer wieder auf die Beine und erhole mich davon.
4. Ich probiere gern Dinge aus, die ich noch nicht kenne (z. B. Essen/Trinken/Hobbys).
5. Ich kann schwierige Situationen allein bewältigen.
6. Auch in schwierigen Situationen geht mir mein Humor nicht verloren.

Zwei Dinge helfen mir dabei, Probleme zu lösen: Ich spiele gerne und kann an etwas dranbleiben, lasse nicht locker. Solange ich hinter einem Ziel stehe, erlaube ich mir, wenn etwas nicht planmäßig läuft, kurz in den Jammer-Modus zu verfallen – zum Abreagieren. Dann probiere ich die nächste Strategie aus. Erst wenn ich nicht mehr weiterkomme, suche ich Unterstützer. Fehler mit Humor zu nehmen und darüber zu lachen, auch über mich selbst, gibt mir den Freiraum, andere Lösungswege zu verfolgen.

- innere Stärke Selbstwirksamkeit

Wie groß (auf einer Skala von 1 – sehr gering – bis 10 – sehr groß –) ist dein Glaube an dich und deine Fähigkeiten? Was traust du dir zu? Wie ging es dir nach herausfordernden Situationen, die du bewältigt hast? Hast du dir mehr zugetraut als vorher?

Welche der folgenden Aussagen treffen auf dich zu?

1. Ich glaube an mich.
2. Ich weiß, was ich kann.
3. Ich übernehme gerne neue Aufgaben.
4. Ich motiviere mich oft selbst.
5. Ich habe ein gutes Durchhaltevermögen.
6. Ich denke lösungsorientiert.

Ich selbst habe noch nicht alles entdeckt, was ich kann, und bin neugierig darauf, was noch in mir schlummert. Jede positive Erfahrung, die wir machen, stärkt uns selbst. Wir werden dadurch selbstbewusster, trauen uns mehr zu. Dies können wir im Alltag trainieren. Erhöhe schrittweise die Anforderungen, die du an dich stellst, wie im Fitnessstudio die Anzahl der Gewichte beim Gerätetraining. Verlasse deine Komfortzone! „Ich kann das!", steht bei mir nicht nur für eine bestimmte Fähigkeit, dafür, etwas tun zu können. Der Satz enthält auch „Ich will das!" und/oder „Ich erlaube mir das!".

Der dritte Stein, der mir im Weg lag, waren meine Glaubenssätze. Mein Selbstbild bekam dadurch einige Risse. Dabei hatte ich mir doch immer wieder selbst bewiesen, dass ich offen für Neues war. Schon im Training während der Früh-Reha kamen neue Dinge auf mich zu: Aquajogging im Stehen, Sling-Training, um mit meinem Körpergewicht zu arbeiten, eine besondere Vibrationsplatte – mein Lieblingsgerät. Ich war Feuer und Flamme. Doch mich im Leben auf etwas einzulassen, ohne zu wissen, was kommt, war für mich eine Herausforderung, die mir den Angstschweiß auf die Stirn trieb. Ein Drahtseilakt, ohne Netz und doppelten Boden. So ging es mir im Krankenhaus. Bei einem Unfallschaden am Auto bekam ich einen Kostenvoranschlag und wurde über die voraussichtliche Reparaturdauer informiert. Das wollte ich auch im Hinblick auf meine körperliche Genesung. Fragen über Fragen stellte ich den Ärzten in der Hoffnung, verbindliche, greifbare Aussagen über den Heilungsprozess und die Auswirkungen meiner Einschränkungen auf mein zukünftiges Leben zu bekommen. Ich brauchte etwas Handfestes, wollte planen können. Doch auch Ärzte sind nur Menschen und können nicht in die Zukunft sehen. Ein Tag nach dem anderen verging in Ungewissheit. Ich hatte dadurch aber Zeit genug, um nachzudenken. Der Unfall hätte auch anders ausgehen können – gravierendere Schädigungen oder sogar der Tod wären möglich gewesen. Ich hatte zwar keinen Totalschaden, aber ich fühlte mich richtig aus der Bahn geworfen. Das war nicht zu vergleichen mit schwierigen Situationen in der Vergangenheit. Ich reflektierte: War ich mit meinem bisherigen Leben zufrieden? War es das, was ich mir immer gewünscht hatte? Meine Antwort lautete: Nein. Meine Augen füllten sich mit Tränen. Ich wusste es, hatte es stets überspielt, mich nicht getraut, es mir einzugestehen. Vielleicht, so überlegte ich, war der Unfall eine Chance, um einen Neuanfang zu starten. Ich wusste schließlich nicht, wie viel Lebenszeit mir noch zur Verfügung stand. Ich machte mich auf, die Nadel im Heuhaufen zu finden: der Sinn meines Lebens, meine Lebensaufgabe.

Das „Nicht mehr wie früher" war ein Leuchtturm mit einer ungeheuren Strahlkraft, eine Mahnung, ein Orientierungspunkt für meine Gefühle, mein Verhalten, meine Lebensweise. Ich wollte nicht mehr wie früher im Hamsterrad treten, immer am Limit. Stattdessen wollte ich meine Selbstfürsorge, mein Selbstvertrauen stärken. Ich wollte nicht länger nur funktionieren, sondern mich lebendig fühlen. Mein stärkstes Bedürfnis war und ist Autonomie – Freiheit, selbstbestimmt leben. Es nimmt auch heute noch den Platz Nummer 1 in meinem Leben ein. Ich habe meine Ansprüche an mich selbst zurückgefahren, für mich zur Sicherheit ein Alarmsystem installiert. Es springt an, wenn ich „Ja" sage, aber innerlich „Nein" meine. Ich habe gemerkt, wie viel Energie mich diese Zerrissenheit kostet. Die Rolle des Everybody's Darlings habe ich abgelegt. Ich habe gelernt, mich nach dem Kompass meiner Bedürfnisse zu richten. Die Zeiten im Rolli oder mit eingeschränkter Mobilität wurden zum Prüfstand. Ich fragte mich: Wie lebendig fühle ich mich? Habe ich mich in die Opferrolle fallen lassen? Heute

bin ich seit Langem wieder zufrieden mit mir. Ich entdecke die Leichtigkeit, das Spielerische im Alltag und bin dankbar für die neue Intensität in meinem Leben.
Sich in einer schwierigen Situation Erfolgserlebnisse zu verschaffen, ist oft ganz einfach. Es beginnt damit, sich auf die Dinge konzentrieren, die einem immer Spaß gemacht haben. Ich hatte den starken Wunsch, wieder richtig fit zu werden. Und da ich vor meinem Unfall lange Fahrradtouren unternommen hatte, war mein Ziel, dies wieder tun zu können. Ich versuchte es zunächst mit einem normalen Fahrrad. Leider stellte ich sehr schnell fest, dass ich mit meinem Prothesenbein immer wieder von der Pedale rutschte – selbst ein Magnetpedal gab mir nicht die Sicherheit, die ich brauchte. Daher suchte ich nach einer anderen Option und meine Wahl fiel auf ein Dreirad – ein Easy Rider Junior. „Chic, sportlich & stark" lautete der Werbeslogan dafür. Es war eigentlich ein Kinderrad, das ich mit meiner Größe aber auch fahren konnte. Voller Tatendrang probierte ich es auf Fahrradwegen in Hamburg aus. In meiner Vorstellung radelte ich ganz entspannt quer durch die Stadt. Die Realität holte mich jedoch schnell ein. Die unebenen Wege erforderten eine hohe Konzentration. Ich drohte ein paarmal umzukippen, war am Ende schweißgebadet. Außerhalb der Stadt hatte ich schon viele gut ausgebaute Radwege gesehen. Das war die Lösung: Ich brauchte ein Auto, in dem ich einfach und bequem das Dreirad verstauen und ins Umland fahren konnte – einen

Van. Die Besuche in den Autohäusern waren zeitraubend, die Volumenangaben für Ladeflächen nicht hilfreich für meine Entscheidung. Endlich, bei Fiat, wurde ich fündig. Und als sich der nette Verkäufer auch noch in den Kofferraum legte, um mir zu zeigen, dass Gegenstände mit einer Länge von 1,80 m in dem Modell transportiert werden konnten, war die Kaufentscheidung getroffen. Doppelt hält besser, dachte ich nichtsdestotrotz, und fuhr am nächsten Tag mit dem Dreirad hin. Ich entschied mich für einen Fiat Doblo Maxi in Ferrari-Rot.

Spaß haben, feiern, wieder am Leben teilnehmen, den Alltag vergessen. Dank der Unterstützung von Freunden und meiner Familie habe ich erleben dürfen, dass meine Einschränkung für viele Unternehmungen kein Hindernis darstellt. Ende 2012 heiratete mein ältester Sohn, die standesamtliche Trauung sollte am Wohnort des Paares in einer malerischen Mühle stattfinden. Alles war schon lange geplant und arrangiert gewesen. Ich wollte auf jeden Fall daran teilnehmen, war aber immer noch auf den Rollstuhl angewiesen. Zur Mühle hinauf führte jedoch eine Treppe. Mein rechtes Bein war noch nicht belastbar, ein Stützapparat in Kombination mit Krücken sollte mir allerdings das Gehen ermöglichen und die Zeit im Rolli etwas unterbrechen. Zwei Wochen vor dem Hochzeitstermin war die Orthese fertig. Meine Versuche, damit zu gehen, scheiterten jedoch, die Schmerzen waren einfach zu heftig. Es musste anders funktionieren. Als ich mit dem Rolli zur Mühle kam, überlegte ich: Wie sollte ich die Treppe bewältigen? Vielleicht konnte ich mich im Sitzen hochziehen? Mein jüngster Sohn unterbrach meine Grübeleien. Er nahm mich kurzerhand huckepack und trug mich zum Trauzimmer und zurück. Manchmal ist es so einfach!

2013 lernte ich in der Reha in Bad Rothenfelde einen kleinen Kreis von Frauen kennen, dank derer ich in dieser schwierigen Zeit sogar Spaß hatte. Kann eine Reha tatsächlich Spaß machen? Ja, wenn die „richtigen" Menschen zusammenkommen. Wir trafen uns abends in gemütlicher Runde. Ich war die einzige Amputierte, die anderen hatten eine Hüft-OP hinter sich. Zur Verbesserung der Gehfähigkeit war mir ein schwarzer Gehstock ausgehändigt worden. Er erinnerte uns an die typischen Accessoires der 1920er Jahre. Wir hatten viel Spaß dabei, uns in diese Zeit zu versetzen und als „Revuegirls" mit Stock und imaginärem Zylinder zu posieren und zu tanzen.

Mai 2019, Cordoba in Spanien. Ich war auf einem Wochenendtrip mit einem starken Team: drei Frauen und vier Männer. Ein Projekt hatte uns einst zusammengeschweißt. Wir treffen uns in der Regel einmal im Jahr für ein verlängertes Wochenende in einer Stadt, in der wir zusammen noch nicht waren. Nun also Cordoba. Die Brücke Puente Romano führte direkt auf den Torre de la Calahorra, einen Wachturm, zu. Den wollten wir uns ansehen und danach einen Uferweg bis zur nächsten Überquerung entlang spazieren. Ich merkte, dass meine Prothese nicht richtig saß. So konnte ich auf keinen Fall weitergehen. Doch es war kein Café oder Ähnliches in Sichtweite. Meine Freunde waren meine Retter in der Not. Sie bildeten eine Sichtschutzmauer um mich herum – einen „Prothesenkreis". So konnte ich mir von neugierigen Blicken abgeschirmt die Prothese aus- und wieder anziehen.

Deine inneren Stärken: Sinnhaftigkeit, Genussfähigkeit, Dankbarkeit

Vielleicht hast du in diesen Geschichten bereits weitere innere Stärken entdecken können. Ich stelle dir nun die noch verbleibenden drei inneren Stärken vor. Gehe die Liste genau wie bei den ersten vier Stärken durch und beantworte die Fragen für dich. Erinnere dich zunächst wieder an eine herausfordernde Situation, die du bewältigt hast.

- innere Stärke Sinnhaftigkeit

Wie gut (auf einer Skala von 1 – sehr wenig – bis 10 – sehr gut –) kennst du deine Bedürfnisse und Werte? Richtest du dein Leben danach aus? Welche Kompromisse gehst du ein? Hast du für dich einen Sinn im Leben gefunden – generell oder in dem, was du tust?

Welche der folgenden Aussagen treffen auf dich zu?

1. Ich bringe mich gerne in eine Gemeinschaft ein.
2. Ich weiß, wofür ich meine Arbeit mache.
3. Ich sehe meinen Beitrag als Teil eines großen Ganzen.
4. Ich frage mich manchmal nach meiner Lebensaufgabe.
5. Ich möchte, dass etwas von mir bleibt.
6. Ich nehme mir Zeit, um über mich, meine Werte und Bedürfnisse nachzudenken.

Einschneidende Erlebnisse und Herausforderungen können den Blick auf das eigene Leben stark verändern. Mir hat mein Unfall dabei geholfen, meinen Lebensweg zu korrigieren und meine Prioritäten neu zu setzen.

- innere Stärke Genussfähigkeit

Wie leicht (auf einer Skala von 1 – sehr schwer – bis 10 – sehr leicht –) fällt es dir, dich zu freuen wie ein kleines Kind? Kannst du befreit lachen, bis der Bauch „platzt" und dir Tränen über das Gesicht rollen? Kannst du dieses Gefühl mühelos hervorholen? Kinder lachen durchschnittlich 100-mal am Tag, Erwachsene nur etwa 20-mal. Dabei ist

Lachen gesund – es unterbricht das Gedankenkarussell im Kopf. Wie viel Lebensfreude steckt in dir?

Welche der folgenden Aussagen treffen auf dich zu?

1. Ich lache gerne.
2. Ich kann mich über Kleinigkeiten freuen.
3. Ich habe einen Blick für witzige Situationen.
4. Ich kann angespannte Situationen durch meine Fröhlichkeit entschärfen.
5. Ich kann über mich selbst lachen.
6. Ich lächle auch Menschen an, die ich nicht kenne.

Lachen hebt die Stimmung. Im Krankenhaus war ich für jegliche Art der Aufmunterung dankbar. Sie riss mich aus dem „Was wäre, wenn"-Karussell heraus. Gute Laune ist ansteckend. Wenn jemand mich anlächelte, gingen auch meine Mundwinkel nach oben – das rettete mir oft den Tag. Lachen, wenn ich krank bin, lachen, wenn es mir nicht gut geht? Unbedingt! Lachen schüttet Glückshormone aus und befreit für einen Moment von allen Sorgen. Das gilt auch für künstliches Lachen, das zum Beispiel beim Lachyoga als Einstieg verwendet wird.

- innere Stärke Dankbarkeit

Wie zufrieden (auf einer Skala von 1 – sehr unzufrieden – bis 10 – sehr zufrieden –) bist du mit deinem Leben? Meist haben wir positive Erlebnisse aus den Augen verloren, negative Ereignisse fallen uns hingegen sofort ein (das berühmte Haar in der Suppe). Was ist für dich selbstverständlich, obwohl es wertgeschätzt werden sollte?

Welche der folgenden Aussagen treffen auf dich zu?

1. Ich weiß, dass ich ein gutes Leben habe.
2. Ich bin mir des Wertes des Lebens bewusst.
3. Ich schätze meine Gesundheit.
4. Ich kann mir kein besseres Leben vorstellen.
5. Ich zeige meine Anerkennung für andere Menschen gern.
6. Ich bin ein dankbarer Mensch.

Es ist wie bei der Vertreibung Adams und Evas aus dem Paradies – erst durch den Verlust von Bein und Fuß habe ich deren Wert erkannt. Vorher waren sie einfach da, eine Selbstverständlichkeit. Gehen, Laufen und vieles mehr waren für mich von Natur aus „vorhanden" und möglich. Heute gehe ich anders mit meinem Körper und meinem Leben um.

Der Schatz in dir, der dich stark macht und dich sicher durch herausfordernde Zeiten leitet – welches Bild kommt dir dazu spontan in den Sinn? Ich habe dafür das Symbol von Ankern: Sechs Anker geben mir Stabilität, Halt und Schutz.

- Anker Bestandsaufnahme – er hilft mir dabei, Klarheit zu gewinnen
- Anker Umgang mit Widerständen – er macht mir Mut
- Anker Umgang mit Trauer / Wut / Schmerz / Enttäuschung – er spendet mir Trost
- Anker Selbstfürsorge – er schenkt mir Geborgenheit
- Anker Selbstvertrauen – er verleiht mir Stärke
- Anker gute Laune – er gibt mir Leichtigkeit, lässt mich „fliegen"

„Man darf das Schiff nicht an einen einzigen Anker und das Leben nicht an eine einzige Hoffnung binden." (Epiktet)

7 Perspektivwechsel

Zwei Personen, die gleiche Situation, verschiedene Reaktionen. Sicherlich hast du so etwas im normalen Alltag auch schon häufiger erlebt. Ein samstäglicher Besuch beim Augenoptiker war für mich ein Schlüsselerlebnis. Ich wollte „nur" die Augen überprüfen und meine normale Brille auf den neuesten Stand bringen lassen. Nichts Besonderes eigentlich, ähnlich wie einkaufen. Doch dann zog sich die Überprüfung der Augen etwas hin. Der Chef wurde hinzugerufen. Ich war irritiert. Knapp drei Jahre zuvor hatte ich mir bei diesem Optiker eine Brille anpassen lassen. Damals hatte es nicht so lange gedauert. Das Ergebnis war schließlich, dass bei mir eine Störung beim beidäugigen Sehen festgestellt wurde. Die Zusammenarbeit meiner Augen klappte nicht, wie sie sollte. Dadurch entstehen Unschärfen, wie zum Beispiel Doppelbilder. Aber die Technik machte es möglich – eine Prismenbrille wurde mir empfohlen, um wieder für die korrekte Überdeckung der Bilder beider Augen zu sorgen und ein entspanntes Sehen ohne Anstrengung zu ermöglichen. Es wäre durchaus einen Versuch wert, so eine Brille auszuprobieren, lautete der Rat. Unterm Strich war es also nichts Dramatisches. Der Chef war hinzugezogen worden, weil das Maß der Abweichung der beiden Sehachsen außergewöhnlich groß war. Drei Jahre zuvor war die Welt in diesem Punkt noch in Ordnung gewesen. Der Chef, der Mitarbeiter, der die Messung durchgeführt hatte, und ich, wir waren ratlos. Ich konnte mich auch nicht an ein einschneidendes Ereignis als Auslöser erinnern. Eine Bemerkung fiel: Viele Menschen würden sich bei solch einer Abweichung neurologisch untersuchen lassen. Ich gab daher mein Einverständnis zur Anfertigung einer Spezialbrille, wollte jedoch das Ganze parallel neurologisch abklären lassen. Das Thema beschäftigte mich das gesamte Wochenende, es ließ mich nicht schlafen. Am Montag stoppte ich die Bestellung der Prismengläser. Ich wollte für mich erst die Sicherheit, dass es keine andere Möglichkeit gab. Ich wusste, dass man die Koordination der Augen trainieren kann. Grundlegend erlernt wird das beidäugige Sehen im ersten Lebensjahr. Aber es kann ein Leben lang geübt werden. Mein Schwager hatte ein paar Monate zuvor die gleiche Diagnose erhalten und sich für eine Prismenbrille entschieden. Das wollte ich jedoch nicht, denn diese Spezialbrille muss permanent getragen werden, weil sie die räumliche Wahrnehmung verändert. Wird sie immer wieder abgesetzt wie eine Lesebrille, ist das für Augen und Gehirn sehr anstrengend. Ein und dieselbe Diagnose zog also völlig unterschiedliche Bewertungen und Reaktionen nach sich – und dies „nur" wegen einer Brille.

Es gibt kein „Richtig" oder „Falsch". Jeder entscheidet für sich, wie aktiv oder passiv er sich verhält, wie viel Verantwortung er übernimmt und wann er welche an jemand anderen übergibt. Stell dir dies als Skala mit den zwei Endpunkten „aktiv“ und „passiv“ vor. Für jede Situation kannst du dich auf einem anderen Punkt der Skala positionieren. Vielleicht bist du normalerweise aktiv, in einer bestimmten Situation entscheidest du dich aber für eine passive Variante.

Eine Krise erschüttert uns mehr als die Entscheidung für oder gegen eine Brille. Jeder bewältigt sie anders. Manche Menschen suchen verzweifelt nach etwas, was ihnen Halt gibt, und stoßen vielleicht auf den Tipp: „Suche jemanden, der die gleiche Krise bewältigt hat, und lerne von ihm.” Doch schon das Finden einer entsprechenden Person ist oft nicht möglich. Ich hatte im Fall meiner Sehstörung Glück gehabt – mein Schwager war eine Person mit dem gleichen Problem. Doch mit der empfohlenen Bewältigungsstrategie, die Diagnose zu akzeptieren und die Prismenbrille anfertigen zu lassen, konnte ich mich dennoch nicht anfreunden. Beim Verlust meines linken Beines war eine Person mit vergleichbarem Schicksal hingegen nicht so schnell zur Hand. Das Lernen habe ich daher später in einer Selbsthilfegruppe nachgeholt. Dabei ging es jedoch eher um Informationen rund um Prothesen und das Schwerbehindertenrecht als um Bewältigungsstrategien.

Der Wiener Neurologe und Psychiater Viktor Frankl sagte einmal: „Nicht das Problem macht die Schwierigkeiten, sondern unsere Sichtweise.” Doch was, wenn diese sich schon wie eine Autobahn eingegraben hat? Dies geschieht häufig, wenn sich negative Erfahrungen wiederholen. Das Wissen aus der Vergangenheit lässt sich nicht so leicht abschütteln. Vielleicht kennst auch du solche Situationen. Für viele Menschen ist es der Besuch beim Zahnarzt. Ein Ziehen in der Magengrube ist immer da, auch wenn die Behandlung selbst entspannt abläuft. Sogar eine positive Erfahrung erzeugt nicht ausreichend Gegengewicht zu vielen schlechten. Bei mir ist eine solche Situation die Erneuerung des Prothesenschaftes, bei der die Erfahrungen aus der Vergangenheit zuschlagen. Die Gewöhnung an einen neuen Schaft ist vergleichbar mit dem Einlaufen von neuen Wanderschuhen. Das Wechselbad zwischen Hoffen und Bangen, eine Vorahnung beim Ausziehen der Prothese, obwohl das Unterdrucksystem nichts Außergewöhnliches ankündigt. Ich bete dann stets, dass alles okay ist, – und sehe Blasen, manchmal offen, so groß wie eine Zweieuromünze. Ich bin inzwischen eine Meisterin des Verpflasterns, doch meine Stimmung ist im Keller. Verzweiflung, Hilflosigkeit und Wut machen sich breit – ausgebremst, mal wieder, mindestens für zwei Wochen. Krisenbewältigung kann, wie in diesem Fall, auch heißen „Aussitzen", „Annehmen", „Schaden begrenzen" und die Zeit anders gestalten.

Doch Sichtweisen lassen sich verändern, auch tief verwurzelte. Es passiert nicht von allein, Initiative ist gefragt. Wozu bist du bereit? Was ist dir wichtig? Manche Menschen fühlen sich in der Krisensituation gefangen, werden von dem Problem beherrscht. Das passende Bild dazu ist für mich eine Szene aus dem Dschungelbuch: Die Schlange Kaa hypnotisiert den Jungen Mogli in der Absicht, ihn zu verspeisen. Wenn du nicht zum Appetithappen werden willst, musst du, anstatt der Schlange zu vertrauen, den Blickkontakt zu ihr unterbrechen, den Abstand zu ihr vergrößern und aus ihrem Einflussbereich verschwinden. Dadurch bekommst du wieder einen Handlungsspielraum – selbst wenn es nur kurze Momente sind. Eine Technik, die dabei hilft, ist das sogenannte Zoomen. Am Anfang mag es noch etwas fremd für dich sein. Aber du wirst schnell merken, wie leicht es geht.

Zoomen als Krisenbewältigungsmechanismus

- Das Zoomen trainieren: der Adlerblick

Denke an das, was dich im Moment beschäftigt, umtreibt, vielleicht nicht schlafen lässt. Wie stark beeinflusst es dein Denken und Fühlen? Wenn dieses Problem ein Steinhaufen wäre, wie breit und wie hoch wäre er? Reicht er dir bis zur Brust oder überragt er dich? Ist es ein Hügel oder ein Berg? Manchmal ist es einfacher, sich vorzustellen, wie viel Platz du um diesen Steinhaufen herum noch wahrnimmst. Auf einer Skala von 1 (gering) bis 10 (sehr stark), wie stark sind die Gefühle, die er in dir auslöst?

Atme nun tief durch und schließe die Augen. Dein Steinhaufen liegt in Gedanken vor dir. Stell dir vor, du verwandelst dich in einen Adler, breitest deine Flügel aus und steigst in die Luft auf. Du schwebst über der Spitze des Steinhaufens. Dann steigst du noch ein Stück höher. Dein Blick erfasst nun auch die Umgebung um den Steinhaufen herum. Wie groß ist jetzt der Steinhaufen? Immer noch so imposant wie am Anfang? Was ist mit deinen Gefühlen? Sind sie noch da? Haben sie sich in ihrer Stärke verändert? Lass dich fallen, steige wieder auf – wie viel Distanz brauchst du, um dich freier zu fühlen? Zeigt dir der Blick von oben auch Lücken in dem Haufen? Welche Steine müssten zuerst weggeräumt werden, um den Haufen abzutragen oder zum Einsturz zu bringen?

Wenn für dich das Bild mit dem Adler nicht passt, nimm ein anderes:

Ein Hochhaus mit unendlich vielen Etagen, in dem dich ein Aufzug sicher auf jede Höhe führt, sodass du deinen Steinhaufen ansehen kannst.

Ein Hubschrauber, dessen Pilot jede Position, die du vorgibst, ansteuern kann.

Wenn der Steinhaufen trotz aller Distanz immer noch so viel Raum einnimmt wie zuvor, probiere die Übung zunächst mit einem etwas kleineren Problem. Wenn du auch dabei die Distanz nicht verändern kannst, nimm eine der nachfolgenden Techniken zu Hilfe.

- Das Zoomen trainieren: der Rollentausch

Stell dir eine Person vor, zu der du großes Vertrauen haben kannst. Sie würde dich nie verletzen oder belügen. Ihre Klarheit und ihr Sachverstand sollen dir in deiner Situation weiterhelfen. Es kann eine Person sein, die du bewunderst, die tatsächlich in deinem Leben vorkommt, oder eine Person, die nur jetzt in deiner Vorstellung existiert. Du kannst auch hierbei die Augen schließen, um nicht abgelenkt zu werden und diese Person ganz nah bei dir zu spüren. Atme tief ein und aus, komm zur Ruhe. Dann schlüpfe in die Rolle dieser Person. Wie würde sie deine Situation einschätzen?

- Das Zoomen trainieren: der Held im Spiel

In einem Strategiespiel muss der Held immer wieder schwierige Aufgaben lösen. Stell dir vor, dass ihm ein Bote gerade von deinem Problem berichtet hat. Du wirst mit einem Team den Helden unterstützen und Hinweise sammeln, die er für die Problemlösung nutzen kann. Ziehe dabei selbst das Unwahrscheinlichste als Möglichkeit heran – vielleicht ergibt sich dadurch eine neue Strategie. Hol dir auch Ideen von Menschen, zu denen du kein persönliches Verhältnis hast.

- Das Zoomen trainieren: der Einstieg im Alltag

Vielleicht konntest du mit den bisherigen Übungen nicht viel anfangen. Dann versuche es mit dieser Trainingsmöglichkeit im Alltag. Wahrscheinlich nutzt du oft die gleichen Wegstrecken, sei es um einkaufen zu gehen oder zur Arbeit zu kommen. Versetze dich nun in die Rolle eines Geheimagenten, der auf seine Sicherheit bedacht sein muss. Du darfst bloß keine Gewohnheiten einschleifen lassen, sonst bist du berechenbar. Es gilt daher, jeden Tag eine andere Route für den gleichen Weg zu nehmen. Am Anfang wirst du wahrscheinlich lustlos an diese Aufgabe herangehen, doch schon bald wirst du kleine, nette Lokale und besondere Geschäfte in deiner Umgebung entdecken, die du zuvor nicht kanntest. Du kannst dich auch ganz bewusst „verirren". Was lernst du auf diese Weise? Dass etwas Ungewohntes nicht immer angstbesetzt sein muss, sondern bereichernd sein kann. Diese Erfahrung zeigt dir, dass du auch neue Situationen gut bewältigen kannst.

Mit diesen verschiedenen Formen des Zoomens kannst du den Blickwinkel auf deine Situation verändern. Dadurch kommen neue Ideen und Bewältigungsstrategien ins Spiel. Du kämpfst noch mit dem hypnotisierenden Blick der Schlange Kaa? Es gelingt dir nicht, durch Zoomen ihren Bannkreis brechen? Dann habe ich noch eine Technik für dich: Provoziere dich selbst! Mit welchen Worten kannst du aus der Reserve gelockt werden? Bei mir ist es der Satz: „Das ist nichts für dich, das schaffst du sowieso nicht." Wenn ich den zu hören bekomme, stürme ich los wie ein Esel, der am Schwanz gezogen wird. Falls auch das nicht hilft, stelle dir zwei Fragen: Welchen Vorteil ziehe ich aus meiner jetzigen Situation? Will ich überhaupt etwas verändern? Mit den folgenden Episoden aus meinem Leben möchte ich dich dazu anregen, Situationen beziehungsweise Probleme mit dem Chancenblick zu betrachten. Auch das hilft häufig dabei, verborgene Möglichkeiten zu entdecken.

Das Gehen mit Krücken hätte für mich inzwischen normal sein sollen, war es aber nicht. Ich fühlte mich unsicher dabei, konzentrierte mich voll und ganz auf das korrekte Aufsetzen der Gehhilfen. „Bloß nicht mit einer Stütze wegrutschen", war der einzige Gedanke, der mir dabei durch den Kopf ging. Erst wenn ich mein Ziel mit 1,5 Beinen unfallfrei erreicht hatte, löste sich die Anspannung. Geschafft! Genauso angstbesetzt war in meiner Kindheit ein Sprung vom Dreimeterbrett gewesen, der damals zur Erlangung verschiedener Schwimmabzeichen gefordert war. Wir übten im Schulsport dafür. Ich schaffte es einfach nicht, mit einem Fußsprung gerade ins Wasser einzutauchen, sondern machte immer wieder einen schmerzhaften Bauchklatscher.

Die Wende kam nach meiner Stumpfkorrektur-OP 2019. Danach war ich zunächst wieder auf den Rollstuhl angewiesen. Damit waren manche Ziele allerdings nicht erreichbar, wie zum Beispiel Toiletten mit schmalen Türen in meinen Lieblingsrestaurants. Verzichten wollte ich jedoch nicht. Ich sah daher die Krücken plötzlich in einem anderen Licht – als Schlüssel zum Zusammensein mit Freunden. Vom Rollstuhl in die aufrechte Haltung, das Stehen mit jeder Faser meines Körpers spüren, die Spannung im Körper, ein Glücksgefühl für mich. Mit den Krücken habe ich inzwischen Frieden geschlossen. Mein Respekt vor ihnen ist aber immer noch groß. Das liegt auch an einigen einschneidenden Erlebnissen. Einmal war der Hausflur gerade gewischt worden. Die Stopfen meiner Krücken hafteten nicht auf dem feuchten Boden – ohne Vorwarnung rutschte die linke Stütze weg. Es war wie Aquaplaning beim Autofahren. Ich wusste nicht, wie mir geschah, so schnell lag ich auf dem Boden. Ich war auf meine linke Seite gefallen. Mich durchzuckte ein Schmerz, Tränen schossen mir in die Augen, ich umklammerte meinen Stumpf. Ich hatte Glück im Unglück. Außer blauen Flecken, einem Schreck und dem Schmerz beim Aufprall hatte ich mir keinen weiteren Schaden zugezogen. An dem Tag war jedoch danach wieder Rollstuhl angesagt. Aus Schaden wird man klug. Ich informierte mich und besorgte mir Stopfen, die nassraumtauglich waren. Seitdem ist mir so etwas nicht mehr passiert.

Eine Pfütze auf einem Marmorboden war das nächste Übungsfeld. Ich war in einem Wellness-Hotel mit Schwimmbad. Eine Glastür trennte das Becken vom Empfangsbereich ab, der mit Marmor ausgelegt war. Ich freute mich schon auf das Schwimmen, es waren nur wenige Meter bis zum Beckenrand. Ich nahm die Krücken und stieg aus dem Rollstuhl. Keine zwei Schritte später lag ich am Boden. Die Feuchtigkeit auf dem Marmorboden hatte ich zwar wahrgenommen, die Wassermenge jedoch unterschätzt. Die Pfützen hatten andere Badegäste auf dem Weg zur Umkleide hinterlassen. Bei so viel Nässe versagten auch die neuen Stopfen. Ich hatte mich zu sicher gefühlt. Bis heute bin ich keine Meisterin im Umgang mit den Krücken, ich sehe mich noch im Anfängerstadium. Fallen und Wiederaufstehen – wie ein Kind beim Laufenlernen lerne ich Situationen kennen, die mich überraschen. Mein nächstes Ziel ist daher die Einübung von Falltechniken.

Große Schritte, kleine Schritte, Füße heben, Füße richtig aufsetzen – bei allen, denen ich draußen begegne, geht das wie von selbst. Die Füße finden alleine ihren Weg, egal wie uneben der Boden ist. Ich staune. Es funktioniert tatsächlich – egal, ob beim Endspurt zum Bus, im Gespräch mit anderen oder ins Handy vertieft. Einfach so losgehen, ohne nachzudenken, das geht bei mir nur, wenn ich die Prothese nicht spüre. Dann steigt Freude in mir auf, ich könnte tanzen, gehen ist so leicht. Doch plötzlich passiert es – ich stolpere. Über einen Gullydeckel, eine hochstehende Gehwegplatte, eine Unebenheit. Schon liege ich am Boden, die Arme weit von mir gestreckt. Sekunden vergehen, bis ich mich langsam wieder sortiere. Mir schwirrt der Kopf. Wann hätte ich wie reagieren sollen? Erschrockene Gesichter um mich herum, Unsicherheit, was zu tun ist. Ich stehe auf. Äußerlich ist nicht viel zu sehen. Sogar die Hose ist heil geblieben, auch wenn das Knie darunter pocht. Doch der Schrecken sitzt mir in den Knochen. Tief durchatmen, zur Ruhe kommen, manchmal auch die Zähne zusammenbeißen. Ich könnte losheulen, aber nicht hier. Einen Rückzugsort in der Nähe finden. Pause, Wunden lecken. Warum schaffe ich es nicht, mich aufzufangen, einen Sturz zu verhindern? Was kann ich tun? Ist es das Alter? Merkt der Körper zu spät, wenn ich mit dem Prothesenfuß hängen bleibe? Eine Situation in Buxtehude hat sich mir besonders eingeprägt. „Soll ich Ihnen beim Aufstehen helfen?“, hörte ich eine nette Stimme fragen, als ich am Boden lag. Ich sah hoch, blickte in das besorgte Gesicht einer Frau. Sie war wesentlich älter als ich, wirkte sehr zerbrechlich. Ich lehnte dankend ab, rappelte mich hoch. Ich war beschämt, denn es fühlte sich für mich nicht richtig an, ihre Hilfe anzunehmen. In meiner Welt helfen Jüngere den älteren Menschen und nicht umgekehrt.

Manchmal zeigt die Heftigkeit unserer Gefühle, was uns am Herzen liegt und wo wir verwundbar sind. Ein Wort, ein

Satz, eine Aktivität – für Außenstehende völlig harmlos, doch ich breche darüber zusammen. Es ist der berühmte Tropfen, der das Fass zum Überlaufen bringt. Tränen, Abwehr, ich bin für keinen Trost empfänglich, werde störrisch wie ein Esel. Beim Ausräumen meines Kleiderschrankes vor dem Umzug war es der Gedanke „nie wieder Kleider". Beim Warten auf die Heilung meines rechten Beines „nie wieder tanzen".

Ein einschneidendes Erlebnis war auch meine erste Begegnung mit einem Liner. Über Liner wird die Verbindung zwischen Stumpf und Prothese hergestellt. Der Stumpf sollte zunächst an den Druck von außen gewöhnt werden, das Gewebe sich verdichten. Der Orthopädietechniker packte den dafür konzipierten Liner aus – ein riesiges Kondom, das bis zur Mitte des Oberschenkels reichen würde. Schon die ersten Anziehversuche scheiterten. Ich fühlte mich abgequetscht, eingezwängt, mir blieb fast der Atem weg. Das war zu viel für mich. Für alles andere wäre ich bereit gewesen, dafür nicht. Ich brach in Tränen aus. An dem Tag ging gar nichts mehr. Es lag nicht an der aktuellen Situation, sondern an meinen Gedanken – Erinnerungen an frühere Erlebnisse, rote Knöpfe, die gedrückt wurden. Das Gefühl der Enge, das Eingezwängtsein kannte ich aus meiner Kindheit: Ich hatte hohes Fieber und lag im Bett, das Laken, mit dem ich zugedeckt war, war unter die Matratze gestopft. Ich konnte mich nicht bewegen, ein Alptraum.

Die Kleiderschrank-Situation – Kleider als ein Zeichen der Weiblichkeit. Der Tanz – die Freiheit, sich über den Körper auszudrücken. Der Liner – die Luft zum Atmen. All meine Ausraster waren ein Geschenk, Gelegenheiten, um meine roten Knöpfe kennenzulernen, Zusammenhänge zu verstehen und dadurch eine Aufarbeitung zu ermöglichen.

Im Schlamm wühlen, uns unglücklich fühlen – das machen wir oft in einer Krise. Das Negative steht im Vordergrund, alles andere wird übersehen. Schlamm und Steine können jedoch auch etwas Wertvolles verbergen. Vielleicht kennst du es aus Filmen oder hast es selbst schon einmal gemacht: Goldwaschen. Mithilfe einer speziellen Schale wird der Mix aus Steinen und Schlamm nach etwas Glitzerndem abgesucht. Am Anfang ist es mühsam, doch das Auge stellt sich schnell darauf ein. Findet man dann Goldsplitter, sind das wahre Glücksmomente. Solch ein Goldkörnchen steht für den Nutzen, den wir aus einer Krise ziehen können. Der Blick auf den Nutzen, das Gute in einer Situation zu entdecken – meine absolut liebste Bewältigungsmethode. Neue Möglichkeiten auszuprobieren und neue Erfahrungen zu machen, ist ein großartiger Stimmungsaufheller. Es bringt gute Laune, eine neue Perspektive, einen veränderten Fokus. Das Schöne daran ist, dass diese Fähigkeiten im Alltag trainiert werden können. Jede Situation, in der ich vermeintlich Pech gehabt habe, nutze ich dafür. Der Bus ist mir vor der Nase weggefahren – dann kann ich noch ein wenig Sonne tanken oder mich in Gedanken auf ein Gespräch vorbereiten. Hamsterkäufe und leere Regale in Corona-Zeiten – ich werde mir bewusst, wie wichtig mir soziales Handeln ist. Vielleicht erkennst du in den folgenden Geschichten das Gold, das ich dabei entdeckt habe.

Ein Goldkörnchen

Kurzreisen waren für mich nie Problem, jahrelang bin ich beruflich jede Woche zwischen Hamburg und München gependelt. Ein Koffer für vier bis fünf Tage war schnell gepackt. Heute frage ich mich, wie ich mich fühle und wie viel Sicherheit ich auf der bevorstehenden Reise brauche. Wie viele Tage bin ich unterwegs? Benötige ich mein Badebein (eine rutschsichere und wasserfeste Prothese) und/oder Krücken oder kann ich auf beides verzichten? Meine normale Prothese ist nicht wasserfest und ein Ausfall wäre ein Desaster. Zudem sind Badezimmer für mich ein Bereich, in dem ich immer wieder mit neuen Herausforderungen hinsichtlich meiner Flexibilität konfrontiert werde. Nehme ich den Flieger und ist die Reise kurz, spare ich nichtsdestotrotz am Gepäck. Es geht mir dabei wie Akrobaten, die manchmal auf das Sicherheitsnetz verzichten – ich bin voller Zuversicht, dass alles gut gehen wird. Beim Betreten eines Hotelzimmers überprüfe ich als Erstes das Badezimmer. Eine Badewanne ist kein Problem, mit einem kleinen Hocker ideal. Aber jede Dusche ist etwas anders: die

Höhe der Kante, die Größe der Duschkabine und so weiter unterscheiden sich von Hotel zu Hotel. Ich sehe dies als Aufforderung, mir immer wieder etwas einfallen zu lassen. Unten ohne (Prothese) aus dem Stand über die Duschkabinenkante zu springen, ist ein Risiko und nur bis zu einer bestimmten Höhe überhaupt möglich. Ich wähle beim Einsteigen daher gerne die elegante Variante: Ich setze mich auf den Rand der Duschkabine, vollführe eine leichte Körperdrehung, bei der ich den Fuß anhebe und lande – voilà – in der Duschtasse. Bei Kabinen mit Schiebetüren ist dies wegen der harten Kante allerdings nicht zu empfehlen. Dann hilft mir die Tigerübung: Ich stelle mir dabei gerne Shir Khan, den Tiger aus dem Dschungelbuch, vor, wie er sich geschmeidig auf seinen vier Pfoten vorwärts bewegt. Ich tue es ihm gleich, begebe mich in den Vierfüßlerstand und steige Pfote für Pfote sicher in die Dusche. All diese Strategien sind für mich große Errungenschaften, die es mir ermöglichen, duschen zu gehen.

Ein Goldnugget

Nachdem ich körperlich einigermaßen wiederhergestellt war, ging ich daran, wieder Fahrt aufzunehmen. Stolz bezog ich mit meinen Habseligkeiten eine neue Wohnung, in die ich mich schon im Rohbau verliebt hatte: offene Küche, bodentiefe Fenster, dank derer jedes Zimmer lichtdurchflutet ist, ein Spielplatz mit Piratenschiff direkt vor der Tür,

sodass ich das Lachen von Kindern, das wie Musik in meinen Ohren ist, genießen kann. Noch heute erfüllt mich ein Glücksgefühl, wenn ich diese Wohnung betrete.
Auch beruflich wollte ich wieder durchstarten. Ich habe immer gerne gearbeitet trotz des Termindrucks, der oft in den Projekten herrschte. Die Arbeit war abwechslungsreich: Konzept, Analyse, Programmentwicklung, Test – es kam keine Langeweile auf und die Kunden ließen mir freie Hand. Es machte Spaß und war lange Zeit aufregend. Es gab nur zwei Wermutstropfen: Meine sozialen Kontakte kamen zu kurz und ich konnte selten miterleben, wie sich die von mir erstellten Programme in der Praxis bewährten. Hinzu kam, dass die Programme zunehmend zu Ex-und-Hopp-Produkten geworden waren: Kaum fertiggestellt, hatten sich die Anforderungen verändert oder das Projekt wurde eingestampft. War das meine Erfüllung im Leben? Ich wünschte mir eine Tätigkeit mit mehr Sinn, wollte mehr mit und für andere Menschen arbeiten, mit Lachen und Leichtigkeit. Dies hatte mich schon im Krankenhaus umgetrieben. Welche Wirkung Freundlichkeit, Zuwendung und Unterstützung während eines Heilungsprozess haben, hatte ich selbst nach meinem Unfall miterleben können. Ich befand mich also in einem typischen Übergangsstadium zwischen „weg von“ der bisherigen Tätigkeit, ohne direkt ein Ziel, ein „hin zu“ zu haben. Ich stand innerlich im Kreuzfeuer. „Du hast doch nur noch ein paar Jahre zu arbeiten, die schaffst du auch noch! Zwanzig Jah-

re Erfahrung einfach wegzuwerfen, geht gar nicht!", sagte die eine Stimme in mir. „Nach dem Unfall wolltest du etwas Sinnvolles machen, endlich deinem Herzen freien Lauf lassen, dich neu orientieren. Doch du trittst auf der Stelle!", schimpfte die andere. „In deinem Alter noch etwas anderes anzufangen – da packen andere längst die Gartenstühle aus und wollen die Früchte ihrer Arbeit genießen. Lass es, das wird sowieso nichts, am Ende bist du frustriert!", meldete sich wieder Stimme 1. „Deine Spinnereien führen doch zu nichts, höchstens als Zeitvertreib vielleicht", ergänzte sie noch. Manchmal funktioniert die Selbstsabotage bei mir ganz gut. Ich beschloss also, mich erst einmal um neue IT-Projekte zu kümmern, denn die Kasse musste auch wieder gefüllt werden. Ich sah dies als Testlauf, ob ich überhaupt schon arbeitstauglich war.
Das erste Projekt war in Hamburg, ein Heimspiel. Es lief eigentlich erfolgreich, doch ich hatte mich verändert. Vieles passte für mich nicht, sodass ich froh war, als das Projekt dem Ende zu ging. Ein neues Projekt musste her. Auf der Suche nach Inspiration las ich mich durch die Bücherregale in der Stadtbücherei und stieß dabei auf Sabine Asgodom. Auf ihrer Webseite sah ich die Anzeige für eine offene Veranstaltung, ein Coaching-Café in der Nähe von Lüneburg. Ich meldete mich voller Neugier an, wollte mehr darüber erfahren, wie dieses Coaching funktionierte. Zu meiner Enttäuschung wurde diese Veranstaltung abgesagt. Nach ein wenig E-Mail-Pingpong folgten nette Telefongespräche.

Schließlich nannte mir Sabine einen Coach vor Ort in Hamburg, bei dem ich als kleine Entschädigung ein Einzelcoaching bekommen sollte. Ich war begeistert. Ende gut, alles gut. Von da an überschlugen sich die Ereignisse. Ich fand heraus, dass zufällig gerade ein Platz in der Ausbildungsreihe dieses Coaches frei geworden war, sie startete bereits im Folgemonat. Ein Wink des Schicksals – ich ließ mir eine kleine Hintertür offen: Das Einzelcoaching sollte das Zünglein an der Waage sein. Danach war ich allerdings Feuer und Flamme, sodass ich mich hochmotiviert in die Ausbildung stürzte. Es passte einfach alles.
Es gab in den letzten Jahren immer wieder Chancen, die mir einfach so über den Weg liefen. Ein Name in einem Gespräch, ein Insidertipp, Themen, die in mir etwas zum Klingen bringen, – schon werde ich neugierig, vieles ergibt sich dann von selbst. Nichts muss, ich habe einfach Lust am Lernen und an neuen Erfahrungen. Rückblickend staune ich immer wieder, was sich dadurch ergeben hat: Ich bin Co-Autorin verschiedener E-Books, habe nun ein eigenes Buch geschrieben, Radiointerviews gegeben – all das hätte ich mir 2012 nicht vorstellen können.

Ein Goldbarren

Manchmal sehe ich mich als Wundertüte, die noch vieles enthält, was ich bislang nicht entdeckt habe, auch was meine Vorlieben anbetrifft. Soweit ich mich zurückerinnern kann, habe ich immer gerne andere Menschen berührt. Mit den Füßen fing es an – ich habe mich intensiv mit den Fußreflexzonen beschäftigt. Später kamen Shiatsu (Körpertherapie), Reiki (Energiearbeit) und OAM (Ohrakupunktmassage) dazu. Vor nicht allzu langer Zeit habe ich die Schönheit der Hände entdeckt. Hände sind die einzigen Teile des Körpers, die wir in unserem Kulturkreis ohne Scheu von anderen berühren lassen. Ich gebe sehr gerne Handmassagen und bin dankbar für das Vertrauen, das mir dabei entgegengebracht wird. Die Auswirkung einer Handmassage ist unglaublich. Sie macht die Anspannung in Schulter, Arm und Hand bewusst. Manchmal höre ich dabei: „Ich kann nicht so richtig loslassen. Ja, das müsste ich viel mehr.“ Irgendwann setzt die Freude, das Genießen ein – es ist schön, diese Entspannung mitzuerleben. Die Atmung ändert sich, innere Ruhe stellt sich ein. „Ich könnte stundenlang hier sitzen bleiben, diese Massage könnte ich öfters gebrauchen“, lautet ein häufiges Feedback. Am Ende folgt Erstaunen über die Beweglichkeit der Finger, die Augen glänzen, ein Lächeln breitet sich im Gesicht aus. Eine kleine Auszeit mit großer Wirkung. Es ist eine Win-win-Situation: Denn die Massage ist auch für mich ein berührendes Geschenk. Ich erlebe dabei, ganz im Hier und Jetzt zu sein.

„Du bist deine eigene Grenze, erhebe Dich darüber!“
(Šams ad-Dīn Hafez)

8 Vom Mut zum Nein

Sich kümmern – um andere gerne. Jeder von uns hat dieses Fürsorge-Gen, lebt es in unterschiedlicher Form und Lebenssituation aus. Im privaten Umfeld sind Kinder, Eltern, Freunde oder Haustiere die Profiteure unserer Unterstützung. In der Grundschule wird die Kompetenz Sozialverhalten bewertet und in den Zeugnissen festgehalten. Im Job ist Teamfähigkeit ein wichtiger Soft Skill. Für viele Menschen ist Fürsorge sogar Berufung. Ohne sie würden viele Bereiche wegbrechen – Krankenhäuser, Pflegeheime und -dienste, Sozialstationen, Hospize. Unsere Vorstellung von Fürsorge ist entstanden aus unseren Erfahrungen als Kind und unseren diesbezüglichen Wünschen. Alle Eigenschaften einer liebenden Mutter sind darin enthalten: Sie liebt ihr Kind, so wie es ist, setzt Grenzen und gesteht Freiräume zu. Sie tröstet, trocknet Tränen und schenkt Liebe. Sie macht Mut, lässt auch Fehler zu. In ihrer Nähe fühlen wir uns sicher, geborgen und geschützt.
Sich kümmern – um sich selbst eher ungern. Selbstfürsorge oder Self-care – was verbindest du mit diesem Begriff? Hat er für dich einen Beigeschmack, ähnlich wie das Etikett „egoistisch"? Tust du dir selbst öfter etwas Gutes? „Ja, natürlich", kommt schnell über die Lippen. Aber sorgst du tatsächlich für dich wie eine liebende Mutter? Darauf folgt meist eine Erklärung wie: „Meine Kinder nehmen meine

gesamte Zeit in Anspruch." Oder: „Ich habe nie Zeit dafür, das zu tun, was ich tun möchte." Oder: „Meine Eltern sind jetzt pflegebedürftig." Oder: „Ich muss mich um alles allein kümmern." Dies sind lange Jahre auch meine Sätze gewesen, wenn ich mich als Opfer der Umstände gesehen habe. Hinter diesen Klagen verbergen sich jedoch andere Aussagen. Hinter „Meine Kinder nehmen meine gesamte Zeit in Anspruch." steht „Ich gebe den Bedürfnissen meiner Kinder den Vorrang vor meinen Bedürfnissen.". Hinter „Ich habe nie Zeit dafür, das zu tun, was ich tun möchte." steht „Ich nehme mir keine Zeit für meine Bedürfnisse.". Hinter „Meine Eltern sind jetzt pflegebedürftig." steht „Ich fühle mich verpflichtet, ich muss mich kümmern.". Und hinter „Ich muss mich um alles allein kümmern." steht „Ich bitte nicht gern um Hilfe.".

Kleiner Selbstfürsorge-Check

Beantworte die folgenden Fragen:

1. Wer ist der wichtigste Mensch in deinem Leben?
2. Auf einer Skala von 1 (unwichtig) bis 10 (sehr wichtig), wie wichtig bist du dir selber?
3. Tust du dir regelmäßig etwas Gutes? Wenn ja, was? Wie häufig?

4. Sorgst du für dich wie eine liebende Mutter? Welche Erklärungen hast du parat, wenn du es nicht tust? Welche Aussagen verbergen sich eigentlich hinter diesen Erklärungen?

In unserer Kindheit werden wir meist zum braven Mädchen beziehungsweise Jungen erzogen. Ziel der Eltern ist, dass sich die eigenen Kinder gut benehmen können und am besten immer regel-/gesellschaftskonform verhalten. Das führt dazu, dass wir uns selbst zurücknehmen und nicht in den Vordergrund stellen. Auch ich war in dieser Rolle gefangen: Die Familie ging vor, ich lief im Hamsterrad des Alltags mit Job und Haushalt. Selbstfürsorge bestand für mich darin, ab und an den Kopf freizubekommen. Dafür hatte ich mehrere Strategien: Pilze suchen im Herbst, die Beine hochlegen, ein Hörbuch hören oder mit meinen Kindern ein Gesellschaftsspiel spielen. Auch Seminare konnten mir neue Impulse und Kraft geben. Wie für viele Menschen war Selbstfürsorge für mich nur ein wenig Wellness im Alltag, ein bisschen „Me-Time" im Kalender. Doch ist das wirklich alles? Beim Gegensatz Lachen/Weinen würden wir sicherlich einen müde hochgezogenen Mundwinkel nicht als Lachen akzeptieren. Der Gegensatz zu Selbstverrat oder Selbstvernachlässigung ist für mich die radikale Selbstfürsorge. Sie umfasst Körper, Geist und Seele und ist ein fester Bestandteil des Alltags. Ohne eine radikale Ehrlichkeit sich selbst gegenüber geht es nicht.

Bei mir setzte erst mit dem Unfall ein Umdenken ein. Im Krankenhaus und in der Früh-Reha hatte ich Zeit genug, um Nabelschau zu halten. Wie oft hatte ich Situationen beklagt, sie jedoch nicht geändert? Wie oft hatte ich mich als Opfer gefühlt, den Kopf in den Sand gesteckt? Ich hatte mir nicht zugetraut, etwas langfristig verändern zu können. Es waren zu viele Situationen gewesen. Inzwischen lebte ich allein. Es war endlich an der Zeit, die Verantwortung für die Erfüllung meiner Bedürfnisse selbst zu übernehmen, Entscheidungen zu treffen und mich nicht von Situationen überrollen zu lassen. Von dem Theologen Reinhold Niebuhr stammt das Gelassenheitsgebet: „Gott, gib mir die Gelassenheit, Dinge hinzunehmen, die ich nicht ändern kann, den Mut, Dinge zu ändern, die ich ändern kann, und die Weisheit, das eine vom anderen zu unterscheiden." Ändern konnte ich den Verlust meines Beines nicht, jedoch den Impuls aufgreifen, mehr an den Aspekten Mut und Weisheit zu arbeiten. Die Erlebnisse, die ich im Rolli hatte, verstärkten meinen Wunsch danach, mir einen Rahmen zu schaffen, in dem ich selbstbestimmt handeln konnte. Die Zeiten im Rollstuhl waren nicht planbar – schon das Wetter machte vieles unberechenbar. Regen, Schnee und Kälte waren für mich häufig Grund genug, um mich einzuigeln. Ich wollte aber, dass es mir gut ging. Es ist im Übrigen nie zu spät, damit anzufangen. Auch du kannst es. Heute.

Situationen aus dem Alltag, die viele Menschen kennen: Der Geschirrspüler ist mit dem Spülen fertig, aber noch nicht ausgeräumt. Die Wäsche befindet sich noch im Trockner. Der Partner und die Kinder haben immer noch nicht verinnerlicht, welchen Kuchen man mag. Das Werkzeug ist vollkommen durcheinander gebracht. Das Papier für den Drucker ist aufgebraucht. Bestimmt fallen dir ad hoc weitere Situationen ein. Frustration und Ärger steigen dann in uns auf. Wir denken vielleicht: „Warum entlasten mich die Menschen in meinem Umfeld nicht? Warum sorgt niemand dafür, dass ich guter Laune bin? Warum merkt sich keiner meine Vorlieben und respektiert meinen Bereich?" Wenn du dir selbst nicht wichtig bist, bleibst du in diesem Opfermodus gefangen. Du erwartest von anderen die Wertschätzung, die du dir selbst verweigerst. Die nachfolgende Anleitung hilft dir dabei, deinen Gefühlen auf den Grund zu gehen.

Die drei Schritte der radikalen Selbstfürsorge

1. ein Gefühl wahrnehmen und ernst nehmen
   Wo macht es sich breit? Wie stark ist es? Kennst du es vielleicht von früher?
2. das Bedürfnis hinter dem Gefühl erkennen
   - Wer oder was bringt dich dazu, dich so zu fühlen (überfordert, ärgerlich, traurig, ...)? Warum?
   - Was fehlt dir? Worauf glaubst du, verzichten zu müssen?

- Was brauchst du jetzt?
  Vielleicht fehlen dir im Moment Zuwendung, Ruhe, Abgrenzung, Motivation, Unterstützung, körperliche Verausgabung, Wertschätzung, Respekt, ...

3. a) eine andere Entscheidung treffen (zum Beispiel Prioritäten zu verändern)
   oder
   b) für die Erfüllung des Bedürfnisses sorgen
   Kannst du das selbst tun? Kannst du andere darum bitten?
   Manchmal ist es schon eine große Erleichterung, das eigene Bedürfnis nur zur Sprache zu bringen.

Am Anfang ist es etwas mühsam, sich so zu hinterfragen, weil wir es nicht gewohnt sind. Wir sehen uns lieber stark als schwach, stehen uns jedoch meist selbst im Weg.
Bedürfnisse sind universell, das heißt unabhängig von Alter, Geschlecht und kulturellen Einflüssen. Wir alle haben Bedürfnisse. Sie bezeichnen das, was wir zum Leben brauchen: Nahrung, Wasser, Schlaf, Sicherheit, soziale Kontakte, Selbstverwirklichung, Anerkennung und vieles mehr. Welchen Bedürfnissen jeder Einzelne den Vorrang gibt und in welcher Form er sie sich erfüllt, ist allerdings von Mensch zu Mensch unterschiedlich.
Der amerikanische Psychologe Marshall B. Rosenberg hat es so formuliert: „Wenn wir unsere Bedürfnisse nicht ernst

nehmen, tun es andere auch nicht.“ Nicht nur für den inneren Dialog mit uns selbst, sondern auch für eine wertschätzende Kommunikation mit anderen Menschen hat Rosenberg im Rahmen des von ihm entwickelten Konzepts der Gewaltfreien Kommunikation vier Schritte vorgesehen: beobachten – das damit verbundene Gefühl wahrnehmen – das dahinterstehende Bedürfnis ernst nehmen – eine Bitte formulieren. Ich habe dabei festgestellt, dass für mich Autonomie, Respekt und Wertschätzung am wichtigsten sind. Im Folgenden werde ich von einigen Erlebnissen berichten, die dich dazu einladen sollen, nachzuspüren, was für dich wichtig ist.

Gesegnete Nachtruhe

Er kam schneller als gedacht, gefürchtet und ersehnt, der Tag meiner Entlassung aus dem Krankenhaus – Freitag, der 30. November 2012. Mein Freund hatte mir geholfen, einen Unterschlupf für die Zeit danach zu finden. Eine Kurzzeitpflegestelle, wo ich fast so umsorgt wurde wie im Krankenhaus: mit Frühstück und Abendbrot, aber mehr Freiraum, mehr wusste ich nicht. Der Transport war organisiert, der Taxifahrer holte mich auf der Station ab. Dort saß ich bereits im viel zu großen Leihrollstuhl, meine Habseligkeiten neben mir. Das letzte Mal durch die schon vertrauten Krankenhausflure, endlich nach draußen. Ein neuer Lebensabschnitt. Ich war aufgeregt. Ich wusste nicht, was auf mich zukam. Das Kribbeln im Bauch wurde stärker, Angst machte sich breit. Die letzten Tage hatte ich mich stark gefühlt, aber wie viel Kraft und Energie hatte ich tatsächlich noch? Würde ich es schaffen, den Alltag zu meistern? Ich hatte jegliches Gespür dafür verloren, sechs Wochen fast nur im Bett verbracht, sitzend oder liegend. Mit: „Ich schaffe das schon, ich werde doch nur von A nach B transportiert“, hatte ich alle Angebote zur Begleitung abgelehnt. Im entscheidenden Moment allerdings hätte ich gerne jemanden an meiner Seite gehabt, zur Stärkung und Beruhigung. Die Fahrt dauerte eine Stunde, dann war ich in meinem neuen Zuhause angelangt – einem Altersheim. Das Foyer konnte es mit dem eines Hotels aufnehmen. Die Formalitäten waren schnell erledigt. Dann ging es ab in den dritten Stock zu meinem Zimmer, vorbei an Porträtfotos von Bewohnern, meist in der Kombination Großmutter-Tochter-Enkel. Ich schloss die Zimmertür – endlich ein wenig Privatsphäre. Ein kleines Reich für mich allein, zumindest für die kommenden zwei Monate. Erschöpft glitt ich aufs Bett. Im Schlabberlook erschien ich beim Abendessen – das ging gar nicht! Man traf sich ordentlich gekleidet im großen Speisesaal am Buffet. Ich erntete neugierige Blicke und wurde an einem kleinen Tisch in der ersten Reihe platziert. Es war ein optimaler Ausgangspunkt für den Run aufs Buffet. Der Weg war kurz genug, um ein Tablett auf meinen Knien zu balancieren oder mit nur einer Hand den Rolli zu bedienen. Ich war das bunte Schaf, nur zu

Besuch, im Rollstuhl und nicht in der gängigen Altersklasse.
Lange blieb ich an diesem Tag nicht auf, ich war geschafft. Ich hatte noch eine kleine Schonfrist von zwei Tagen zum Kräftesammeln, denn am Montag startete die ambulante Früh-Reha. Die erste Nacht in einem fremden Bett ist meist ungewohnt. Mitten in der Nacht wurde ich aus dem Tiefschlaf gerissen, ich schreckte hoch, das Licht war an. Eine Pflegekraft stand an meinem Bett. „Ist alles in Ordnung?", fragte sie. Mein Blutdruck war im Keller, ich musste mich erst sortieren. Wo war ich eigentlich? Dann begriff ich. Die Mitarbeiterin der Nachtschicht machte ihren Rundgang. Es kostete mich einige Mühe, den Pflegekräften zu vermitteln, dass ich nur Hilfe beim Wickeln meines Stumpfes brauchte und ansonsten nicht pflegebedürftig war. Es sollte einige Zeit dauern, bis ich nachts keinen Besuch mehr bekam. Das lag nicht nur an den Pflegekräften: Manche Bewohner verirrten sich nachts in fremde Zimmer. Daher bekam ich den Rat, meine Zimmertür abzuschließen. Danach hatte ich Ruhe.

Shoppen im Rolli

Schon der zweite Tag außerhalb des Krankenhauses sollte aufregend werden. Zusammen mit meinem Freund wollte ich mich ins Getümmel stürzen. Es war der erste Adventssamstag. Nach sechs Wochen Abstinenz vom gesellschaftlichen Leben freute ich mich riesig auf den Besuch der Innenstadt. Die mit Lichterketten geschmückten Bäume versetzen mich jedes Jahr in Vorweihnachtsstimmung, beim Duft von Punsch, Waffeln, Lebkuchen und Zimt läuft mir das Wasser im Munde zusammen. Das Wetter war an diesem Samstag nicht sehr einladend – ein paar Grad über Null, der Himmel grau in grau. Zwischendurch sollte es Schneeschauer geben. Vom Parkhaus in die Haupteinkaufsstraße waren es nur wenige Meter. Schneematsch lag auf dem Bürgersteig. Ohne die Unterstützung meines Freundes wäre ich allein kaum weitergekommen, da die Reifen des Rollis bei der Nässe wenig Haftung hatten. Die Greifreifen waren ohne Gummiüberzug, meine Handschuhe daher schnell durchgeweicht, sodass ich beim Rollern abrutschte. „Das artet ja in Schwerstarbeit aus. Auf den glatten Flächen im Krankenhaus bin ich viel entspannter vorwärtsgekommen", ging mir durch den Kopf. Ich war aus der Puste vor Anstrengung. Von unten kroch mir die Kälte unter den Mantel. Doch das war nicht alles. Links und rechts neben mir hasteten Leute vorbei, zum Teil schon bepackt mit ihren Einkäufen. Ihre Ellenbogen waren genau auf meiner Kopfhöhe. Ich musste daher nicht nur meine Spur halten, sondern jederzeit bereit sein für Ausweichmanöver. „Jetzt eine Hupe!", wünschte ich mir insgeheim. Doch leider war keine am Rolli montiert. So hatten wir uns den Stadtbummel nicht vorgestellt. Das „I-Tüpfelchen" kam allerdings noch: in einem Kaufhaus an der Kasse. Der erhöhte Kassentresen hätte mir selbst vor dem Unfall bis an die Brust gereicht. Als ich im Rolli davorstand, wurde ich gar nicht erst wahrgenommen. Ich musste mich bemerkbar machen. Dann das Bezahlen. „Mit Karte bitte!", sagte ich. Die Kassiererin reichte mir das EC-Karten-Lesegerät über den Tresen. Es baumelte über meinem Kopf hin und her, das Kabel war zu kurz. Der Mitarbeiterin war die Situation sichtlich unangenehm. Ich war gezwungen, mit nach oben gereckten Armen die Geheimzahl einzugeben. Während ich mich abmühte, sagte sie einen Satz, der mich innerlich erstarren ließ. Den Blick auf meinen Rolli gerichtet, meinte sie mit voller Anteilnahme: „Ja, es ist nicht einfach! In vielen Situationen ist es gut, einen Pfleger an seiner Seite zu haben." Mein Begleiter nickte zustimmend. Ich hatte gemerkt, dass er sich sichtlich unwohl an meiner Seite fühlte. Doch dieses Nicken war für mich wie ein Schlag in die Magengrube. Ich tat so, als hätte ich nichts gemerkt. Innerlich kochte ich jedoch vor Wut und fühlte mich an meine Kindheit erinnert, wenn zwei Erwachsene sich über mich unterhielten, während ich danebenstand. Nein, Ich brauchte keinen Pfleger an meiner Seite! Auch im Rolli wollte ich selbstbestimmt leben können. Der Weg zurück zum Heim verlief ziemlich schweigsam. Dieser Vorfall hat viel dazu beigetragen, dass ich fortan immer versucht habe, Situationen zunächst aus eigener Kraft zu bewältigen. Dies hat mir den Glauben an mich und meine Kraft zurückgegeben.

Die Wohnungsauflösung

„Was mache ich bloß mit meiner Wohnung?“ Dieser Gedanke ließ mich im Krankenhaus nicht los. Ich würde sie in der kommenden Zeit nicht nutzen können. Wegen der Stufen vor dem Haus kam ich noch nicht einmal bis zur Wohnungstür. Zeiten im Rolli würde es zudem immer wieder geben. Die Jahre zuvor hatte ich schon öfter davon geträumt, nach Hamburg zu ziehen. Es war bis dahin nur ein Gedankenspiel gewesen. Nun war die Gelegenheit da. Ich machte kurzen Prozess und kündigte meine Wohnung zum nächstmöglichen Termin. Eine neue Wohnung hatte ich noch nicht. Mit der gesparten Miete würde ich den Umzug finanzieren können. Erleichterung machte sich in mir breit. Endlich keine Auseinandersetzungen mehr mit dem Vermieter wegen der Betriebskostenabrechnungen. Meine Gedanken überstürzten sich. Die Möbel sollten für die Zwischenzeit eingelagert werden. Das Packen wollte ich größtenteils selbst übernehmen. Mit Knieschützern aus dem Baumarkt rutschte ich auf Knien durch die Wohnung. Ich sortierte radikal aus. Die Kartons stapelten sich. Es wurde jedoch nicht weniger. Mit meinem Dickkopf, alles selber machen zu wollen, setzte ich nicht nur mich unter Druck. Auch meine Familie und Freunde waren an der Belastungsgrenze. Schließlich war alles ausgeräumt. Der Termin für den Umzug stand. Die Wohnung musste nur noch renoviert werden. Dann die Wohnungsübergabe – die Suppe, die ich mir selbst eingebrockt hatte, musste ich nun auslöffeln. Dies fiel mir ziemlich schwer. Der Vermieter genoss es sichtlich, dass ich im Kniestand seine Endabrechnung akzeptierte. Ich wollte nur eins: einen Schlussstrich ziehen. Ich habe für mich daraus gelernt, in Zukunft bei Konflikten frühzeitig nach einer für beide Seiten akzeptablen Lösung zu suchen. Denn: Man sieht sich immer zweimal im Leben.

Selbstfürsorge ist manchmal ganz einfach. Auf Bitten einzugehen, war für mich früher selbstverständlich. Heute bin ich nicht mehr ganz so spontan mit meinen Zusagen. Ich überprüfe, ob ich wirklich aus freien Stücken dazu bereit bin, einer Bitte nachzukommen. Dabei hilft mir die Frage: „Wenn diese Person nicht verärgert darauf reagieren würde, würde ich dann Nein sagen?" Radikale Selbstfürsorge bedeutet manchmal, Menschen zu enttäuschen, weil ihrer Bitte nicht – wie sonst üblich – entsprochen wird. Es bedeutet auch, ein Unbehagen aushalten zu können, denn man selbst hat die Spielregeln verändert. Im Alltag muss ich hin und wieder sogar Zusagen zurücknehmen. Ich gebe zu, es fällt mir schwer. Wenn es möglich ist, helfe ich dann bei der Suche nach einer anderen Lösung. Bitten abzulehnen, ist für mich eine gute Übung, um zu mir und meinen Werten zu stehen. Aber könnte ich selbst im Gegenzug ein Nein ohne Groll verkraften? Groll deutet daraufhin, dass ich mich wieder in die Opferrolle hineinbewege: „Der andere erfüllt mir meine Bitte nicht", denke ich dann.

Wie geht es dir mit dem Neinsagen oder damit, ein Nein auf eine Bitte zu ernten? Neinsagen erfordert Mut, zu sich selbst zu stehen. Vielleicht hast du dich bisher nicht getraut, Bitten abzulehnen. Bist du unsicher, wie du die Ablehnung formulieren sollst? Deine innere Haltung bestimmt deine Botschaft, die sich aus vielen Informationen zusammensetzt: Worte, Gestik, Mimik, Körperhaltung, Stimmlage. Mit Klarheit, Ehrlichkeit und Wertschätzung dem anderen gegenüber wird dir ein Nein gelingen. Danach ist es gut, die Situation zu reflektieren.

Neinsagen üben

Um zu einem Nein zu kommen, das für dich stimmig ist, beantworte dir die folgenden Fragen vor und nach deinem Nein.

1. vorher
   Erbitte dir Bedenkzeit aus, weise vielleicht schon auf ein mögliches Nein hin.
   Warum möchtest du die Bitte nicht erfüllen? Welches Bedürfnis erfüllst du dir dadurch?
   Wie stark ist dein Wunsch, die Bitte abzulehnen?
2. nachher
   Stehst du immer noch hinter deinem Nein?

Wie hast du das Nein formuliert? Was würdest du das nächste Mal anders machen?

Welche Reaktion hast du auf dein Nein bekommen?

Im September 2019 konnte ich über einen Monat lang üben, Hilfsangebote abzulehnen oder anzunehmen. Nach der Stumpfkorrektur war ich auf den Rollstuhl angewiesen, mit Bus und Bahn kam ich in der Stadt trotzdem überall hin. Für den täglichen Bedarf gab es Einkaufsläden in der Nähe meiner Wohnung und zudem zahlreiche Angebote aus meinem Umfeld, mich zu unterstützen. Diese reichten von „etwas mitbringen" bis „gemeinsam einkaufen". Letzteres nahm ich gerne an. Denn vor allem Obst und Gemüse muss ich selbst gesehen haben, bevor ich es kaufe. Also fuhr ich mit meiner Begleitung im Auto zum Geschäft und bewegte mich auf Krücken durch die Regalreihen. Meine Begleitung legte alles, was ich kaufen wollte, in den Wagen, dann gingen wir zur Kasse und fuhren zurück. Da ich trotz allem gern selbstständig sein wollte, fragte ich mich, wie ich einen Einkauf so gestalten konnte, dass ich ohne Begleitung zurechtkam. Im Geschäft musste ich die Hände frei haben, also tauschte ich die Krücken gegen den Rolli. Außerdem sollte Einkaufen auch bei schlechtem Wetter möglich sein. Auto fahren konnte ich. Dank eines Automatikgetriebes muss ich dabei das linke Bein nicht einsetzen. Problematisch war nur, den Rolli ins Auto zu laden und wieder herauszunehmen. Ob ich das im Einbein-Stand hinbekam? Ich brauchte ein Sicherheitsnetz und bat einen Freund, beim Üben dieser Aktion dabei zu sein. Er sollte jedoch erst eingreifen, wenn ich es nicht schaffte. Das Einladen ging wie folgt: mit dem Faltrolli zum Kofferraum, die Kofferraumklappe öffnen, dann aus dem Rolli – mit dem rechten Bein konnte ich stehen, das linke legte ich zur Stabilisierung elegant auf der Kofferraumkante ab –, anschließend den Rolli falten, fixieren, anheben und mit einer schwungvollen Drehbewegung in den Kofferraum befördern, linkes Bein wieder herunternehmen, Kofferraumdeckel schließen und nach vorne zur Fahrertür hüpfen. Beim Ausladen wurden die gleichen Schritte rückwärts abgespielt. Alles klappte auf Anhieb und diese Abfolge sollte für mehrere Wochen mein Fitnesstraining sein. Mehr als einmal hielt ein Auto an und der Fahrer schaute staunend zu. Für einen Außenstehenden musste es aussehen, als ob ich Dehnübungen am Kofferraum machte – ein mehr als ungewöhnlicher Ort dafür. Manchmal war ich nicht in Form und bat doch einen Passanten, mir beim Einladen zu helfen, – niemand sagte Nein.

Den Mut, zu mir selbst und meinen Werten zu stehen, brauche ich im Alltag immer wieder. Durchhaltevermögen und manchmal auch Kampfgeist sind dabei gefragt. Die meiste Energie brauche ich, wenn entweder eine neue Prothese angefertigt wird oder eine Anpassung erforderlich ist. Für dich als „Zweibeiner" ist es wahrscheinlich schwer vorstellbar, dass ein Hilfsmittel so viel Stress bereiten kann. Ich lade dich daher auf einen Kurzbesuch in meiner Welt ein. Vorab eine Frage: Wie viele Paar Schuhe stehen in deinem Schrank? Wie bereits erwähnt, hat ein Mann durchschnittlich zehn Paar Schuhe, Frauen doppelt so viele. Wenn du beim Tragen eines Schuhs Blasen bekommst, hast du also auf jeden Fall mehrere andere Paare, auf die du zurückgreifen kannst. Ich nicht. Was für dich der Schuh ist, ist für mich der Prothesenschaft. Wenn dieser nicht optimal sitzt und ich Blasen bekomme, dann ist meist „unten ohne“ angesagt. Anspruch auf ein Ersatzbein gleicher Qualität habe ich per Gesetz nicht. Ich habe also keinen „Wechselschuh”. Entsprechen die einzelnen Komponenten meiner Prothese, wie Fuß oder Schaftsystem, nicht mehr den Gegebenheiten, beginnt mein immer gleicher Tanz mit dem Kostenträger: ein Schritt vorwärts (Einreichung des Rezeptes), zwei zurück (der Kostenträger lehnt meist erst mal ab), Wiegeschritt (Widerspruch einreichen / Ablehnung des Widerspruches), vielleicht noch eine Drehung mit Schritten zur Seite (Verfahren vor dem Sozialgericht). Einer dieser Tänze hat zwei Jahre gedauert – es ging um die Versorgung mit einer wasserfesten Prothese für Dusche und Schwimmbad. Viele Betroffene halten gar nicht so lange durch. Meine Lerneinheit daraus: Ich setze mich für mich ein, damit ich möglichst lange meine Mobilität erhalten, selbstbestimmt leben und meinen Teil zur Gesellschaft beitragen kann.

Die radikale Selbstfürsorge ist auch eine Aufforderung dazu, Experte in eigener Sache zu werden. Vielleicht warst du schon einmal in einer solchen Situation oder kannst sie dir gut vorstellen: diffuse Schmerzen im Rücken, manchmal Taubheitsgefühle im Fuß. Da es keine permanenten Schmerzen sind, ignorierst du sie zunächst. Irgendwann wird es dir doch lästig und du gehst zum Arzt. In der Anamnese sollst du deine Beschwerden genau schildern – wann sie auftreten, bei welchen Bewegungen und so weiter. Du hast dir bisher darüber wahrscheinlich keine Gedanken gemacht und kannst die Frage nicht beantworten. Vielleicht wird eine weitere Untersuchung avisiert. Dann bekommst du ein Rezept für ein Schmerzmittel. Darüber hinaus bekommst du die Aufgabe, genau darauf zu achten, wann die Beschwerden auftauchen. Du beobachtest dich also, trägst Daten zusammen, versuchst ein Muster zu erkennen. So wirst du zum Experten in eigener Sache. Gleichzeitig bist du zuversichtlich, dass der Arzt mithilfe dieser Informationen die Beschwerdeursache einkreisen kann. Sollte er dir daraufhin entsprechende Maßnahmen empfehlen, triffst allein du die Entscheidung, ob diese tatsächlich durchgeführt werden sollen. Du allein trägst die Verantwortung für dich selbst und dein Leben.

Bei mir waren es keine Rückenschmerzen, sondern Probleme mit meinem Stumpf. Vielleicht kennst du das Kinderlied „Ein Loch ist im Eimer“ mit dem Frage-Antwort-Spiel zwischen Heinrich und Liese, bei dem es um aufeinanderfolgende Probleme beim Stopfen des Loches geht. Eine Variante davon lernte ich im Sommer 2019 kennen. Mein Eimer war die ziemlich stabile Silikonkappe an meiner Prothese, die ähnlich einem Push-up-BH für etwas mehr Volumen und Formstabilität des Stumpfes im Prothesenschaft sorgen sollte. Sie war maßgeschneidert, mein Stumpf war eigens dafür abgeformt worden. Zunächst bemerkte ich ein kleines Loch in dieser Kappe. Sofort meldete sich mein schlechtes Gewissen: Hatte ich vielleicht mit einem Fingernagel selbst das Material beschädigt? Ich war mir nicht sicher. Ich war stets vorsichtig beim Anziehen gewesen. Silikonkleber fiel mir als Lösung ein. Doch leider hielt die Reparatur nicht lange. Aus dem kleinen Loch wurde ein Riss, der sich schnell verbreiterte. Die Silikonkappe war nicht mehr zu gebrauchen. Ohne Kappe keine Stabilität – die Prothese hielt nicht mehr am Bein. Ich hatte Glück im Unglück. Ich hatte noch eine ältere Kappe, die ich zur Überbrückung verwenden konnte. Das war allerdings nur ein Notbehelf, da diese etwas anders geformt war. Ersatz musste her. Nach einem SOS-Anruf im Sanitätshaus, besorgte ich ein Rezept und schickte es an die Krankenkasse. In Anbetracht der kritischen Situation hatte ich direkt noch eine weitere Kappe für den Notfall mit beantragt. Das Sanitätshaus reagierte unbürokratisch, es war mein Retter in der Not. Bei meiner Krankenkasse hingegen musste ich erst wieder den Weg über den Vorstand gehen. Die Aussage „ohne Kappe kein Laufen“ war dort schwer vermittel-

bar. Die Lochbildung war fortan wie eine Seuche, weitere Kappen wurden davon befallen. So konnte es nicht weitergehen, die Kappenleichen häuften sich. Wie in einem Krimi suchten Ärzte, Orthopädietechniker und ich gemeinsam nach dem Verursacher und fanden den Täter: Der Stumpf hatte sich so stark verändert, dass kleine Unebenheiten an der Schienbeinkante die Löcher verursacht hatten.
Das Fazit war, dass eine Stumpfkorrektur nötig war. Diese hatte ich lange vor mich hergeschoben und zunächst alle anderen Möglichkeiten ausgenutzt. Experte im eigenen Haus zu sein, bedeutet auch, sich Klarheit zu verschaffen, hinzusehen, die eigene Wahrnehmung ernst zu nehmen, vielleicht sogar nach Lösungen zu suchen. Eine Gratwanderung zwischen „Ich vertraue mir." und „Ich kann/muss anderen vertrauen.", die schließlich bis zum Austausch auf Augenhöhe mit meinen Ärzten führte. Schlussendlich konnte nur mein Ja zur OP eine Verbesserung bewirken. Auf meinem Weg zur mündigen Patientin hat mir das Buch „Wie sag ich's meinem Doc?" von Lutz Wesel [8] sehr geholfen. Vielleicht hilft es auch dir bei diesem Prozess.

„Die Fähigkeit, das Wort Nein auszusprechen, ist der erste Schritt zur Freiheit." (Nicolas Chamfort)

9 Loslassen – außen und innen

Jede Krise, selbst wenn sie noch so klein ist, bringt Änderungen mit sich. Damit etwas Neues entstehen kann, muss etwas Altes weichen. Abschiednehmen und Loslassen sind angesagt. In diesem Kapitel geht es deshalb um das Thema Loslassen auf allen Ebenen, im Außen und Innen. Ich lade dich auf einen Rundgang durch ein imaginäres Haus ein. Neun Räume warten und du entscheidest, wohin du gehen möchtest. Du wirst Materialien finden, die dir beim Aussortieren und Verabschieden helfen werden, und an einer Stelle den Hinweis zu einem kostenlosen Download. Nun lass uns losgehen.

Raum 1: das Alltagsleben

Schon in deinem alltäglichen Leben spielt deine Bereitschaft zum Loslassen häufig eine große Rolle und bestimmt in vielen Situationen dein weiteres Vorgehen. Gehe in Gedanken durch deine Wohnung oder dein Haus – auf den Dachboden, in den Keller, in die Garage. Öffne die Schränke, die du dort findest, und sieh dir die darin aufbewahrten Dinge an. Frage dich, ob du einige davon ausmisten kannst. Gelingt es dir leicht, dich von Dingen trennen? Wie oft machst du dies – regelmäßig, zum Beispiel jeden Monat oder alle sechs Monate, oder nur ab und zu? Aus welchem Grund sortierst du aus – weil du dir ein geordnetes Umfeld wünschst und Übersicht brauchst oder aus Platzmangel?

Ich selbst bin in Sachen Aufräumen nicht unbedingt ein Vorbild. Ich mache es nur in größeren Intervallen, immer dann, wenn meine Toleranzgrenze für Unordnung erreicht ist. Ein guter Freund sagte einmal zu mir: „Du hast so ein kreatives Chaos." In seinen Augen war das ein Kompliment. Ich sah mich in meiner offenen Küche um: Chaos, auf keinen Fall! Für mich war alles ganz ordentlich. Bei einer Aufräummethode, die ich vor einigen Jahren kennengelernt habe, geht man beim Ordnungschaffen nicht von Zimmer zu Zimmer, sondern nach Kategorien vor: Kleidung, Bücher, Unterlagen, Papiere, Kleinkram, Erinnerungsstücke. Alle Dinge aus einer Kategorie werden auf einen Haufen gekippt, dann wird aussortiert. Nur was beim Anfassen Glücksgefühle erzeugt, darf bleiben. Das Aufräumen wird zudem mit einem Ritual verbunden – ich bedanke mich bei dem, was geht, und auch bei dem, was bleibt. Mir bewusst zu machen, warum etwas bleiben soll, ist ein wichtiger Schritt. Dieser verdeutlicht mir, ob ein Teil Lieblingsstück oder Erinnerung ist, oder ich es schlicht behalten will, weil es teuer war oder noch passt. Beim Umzug aus meiner früheren Wohnung habe ich zum Beispiel nur das in Kartons gepackt und mitgenommen, was ich noch gebrauchen konnte oder woran mein Herz hing. Manchmal brauche ich einfach einen Anlass, um mich von Dingen zu trennen. Was ist für dich einfacher: die Dinge aufzuzählen, die du auf jeden Fall behalten willst, oder die, von denen du dich trennen wirst?

Raum 2: die innere Welt

Das Ausmisten bezieht sich nicht nur auf die Dinge des täglichen Lebens. In diesem zweiten Raum befinden sich Glaubenssätze, Einstellungen und schmerzhafte Erinnerungen, bei denen du ebenfalls aussortieren solltest. Du siehst sie nicht und doch begleiten sie dich, du trägst sie permanent mit dir herum. Wie würde es sich anfühlen, den ganzen Ballast fallen zu lassen? Eine vergleichbare körperliche Erfahrung ist eine mehrstündige Bergwanderung mit einem vollgepackten Rucksack auf dem Rücken. Wenn du diesen am Ende absetzen kannst, fühlst du dich befreit von einem schweren Gewicht. Das Gleiche gilt für deine innere Last.

Mein Leben hatte durch den Unfall plötzlich einen anderen Rahmen bekommen. Ich musste daher überprüfen: Passten meine bisherigen Erwartungen an das Leben, meine Wünsche und Leitbilder noch? Was war mit meinem Selbstwertgefühl, meinem Selbstbild, den Glaubenssätzen, die ich kannte? Aufräumen im Inneren stand also an – aber wie? Wo sollte ich anfangen?

Unser Innenleben wird oft mit einem Eisberg verglichen, bei dem 85 Prozent der Masse unter der Wasseroberfläche verborgen sind. Sollte ich folglich im Trüben fischen? Nein – ich beschloss, mit einer Bestandsaufnahme anzufangen. Ich war mir sicher, dass dabei der Wasserspiegel sinken und einiges auftauchen würde. Auch unangenehme Erinnerungen, die ich so lange in mir eingeschlossen hatte. Doch mich im Schmerz der Vergangenheit wälzen, das wollte ich nicht mehr. So blieb nur eins übrig: Ein Ritual zur Verabschiedung musste her, damit ich meinen Frieden finden konnte. Mit: „Danke, dass du mir so lange zur Seite gestanden hast! Du hast mich daran erinnert, dass ich eine Verantwortung habe", verabschiedete ich ungeliebte Glaubenssätze. Ich gestand mir ein, dass ich meinen Teil zu allem, was in meinem Leben passiert war, beigetragen hatte. Daraufhin zeichnete sich eine neue Freiheit des Handelns am Horizont ab.

„Lebe im Hier und Jetzt, lass die Vergangenheit hinter dir.", „Schau nach vorne, ein neuer Abschnitt beginnt.", „Es ist, wie es ist.", „Jedes Ende ist ein Anfang." – dies ist nur eine Auswahl von Sprüchen, die Trost und Zuversicht verbreiten und Mut machen sollen, den Blick nach vorne zu richten. Die Gegenwart annehmen. Die Vergangenheit hinter sich lassen. Hätte mir jemand eine Karte mit einem der Sprüche als Aufmunterung ins Krankenhaus geschickt, ich hätte mich nicht verstanden gefühlt. Ich wäre entsetzt gewesen und hätte mich gefragt, wo das Mitgefühl des Absenders blieb. Das sollte Freundschaft sein? Konnte sich diese Person nicht vorstellen, dass es mir gerade sehr schlecht ging? Wenn diese Worte jedoch als eigene Erkenntnis reifen, haben sie eine ganz andere Kraft. Was bedeutet „die Gegenwart annehmen"? Wer kann das beurteilen, wenn nicht der Betroffene selbst?

Die „normale" Reha in Bad Rothenfelde war das letzte Glied in der Kette meiner Wiederherstellung, nach Krankenhaus und Früh-Reha. Ich hatte seit einer Weile meine erste Prothese, war körperlich gut in Form und begierig darauf, noch fitter zu werden. Zum Programm in der Klinik gehörte auch eine psychologische Betreuung. Unbefangen ging ich zur ersten Einzelsitzung, denn solche Sitzungen kannte ich schon aus der Früh-Reha. Nach dem üblichen Vorgeplänkel sagte die Psychologin: „Sie haben sich anscheinend mit Ihrer Amputation noch nicht auseinandergesetzt." Pause. Der Satz verhallte im Raum. Wie vom Schlag getroffen saß ich auf meinem Stuhl, fassungslos. Gleichzeitig merkte ich, wie von ganz unten in meinem Körper Wut aufstieg, wie eine Welle nahm sie von mir Besitz. Die Worte meiner Antwort sprudelten aus mir heraus: „Das glaube ich nicht! Vom Aufwachen bis zum Schlafengehen, jede Sekunde sehe ich und merke ich, dass ein Teil meines Beines fehlt. Bei jedem Schritt fehlen die Leichtigkeit und die Unbeschwertheit von früher. Das kann ich gar nicht verdrängen!" Ich hatte Tränen in den Augen. Ich war dünnhäutig geworden. Ich war so stolz auf das, was ich in den letzten Monaten erreicht hatte. Das wollte ich mir nicht nehmen lassen. Das Gespräch war bald beendet. Wie wohl jeder andere Mensch auch bin ich verzweifelt und niedergeschlagen, wenn es Schwierigkeiten (vorwiegend in Zusammenhang mit der Prothese) gibt. Für mich gehören jedoch alle Emotionen zum Leben dazu. Fragen wie „Wo brauchen Sie Unterstützung?“, „Was macht Ihnen Sorgen?“, „Gibt es Ängste?“ hätten mich daher damals eher erreicht und mein Herz geöffnet. Die Aussage, ich hätte mich mit der Amputation nicht auseinandergesetzt, setzte sich hingegen wie mit Widerhaken bei mir fest und beschäftigte mich noch lange. Diese Sitzung war für mich ein absolut negatives Beispiel für ein therapeutisches Gespräch.

Jede Einschränkung hinterlässt Spuren und ändert die eigene Biographie. Die Versuchung ist groß, mit „Was wäre wenn“-Fragen den unterbrochenen ursprünglichen Lebensweg weiterzuspinnen bis zum heutigen Tag. Was wäre, wenn ich damals nicht arbeitslos geworden wäre, welche Position würde ich dann heute einnehmen? Was wäre, wenn unsere Beziehung damals nicht auseinandergegangen wäre, wie würde unser Leben jetzt aussehen? Wie beweglich wäre ich heute mit zwei gesunden Beinen? Es sind Fragen, auf die es keine Antwort gibt, denn wir können das Leben nicht zurückspulen. Die Erinnerungen an die

Zeit vor dem einschneidenden Ereignis sind allerdings da, sie lassen sich nicht wegschieben. Ich möchte sie auch nicht verdrängen. Mich bewegen ohne Einschränkungen, laufen, hüpfen, tanzen, mich wie ein Kreisel drehen beim Wiener Walzer – ich war immer sehr beweglich gewesen und konnte mir nie vorstellen, dass es anders sein könnte. Wenn ich mich jetzt betrachte, bin ich aus dem Turbogang in eine langsamere Fortbewegungsart gewechselt. Wusstest du, dass man aus der Gehgeschwindigkeit das biologische Alter herauslesen kann? Ich bin demnach uralt. Aber ich fühle mich nicht so. Früher bin ich schnell mal über die Straße gehuscht. Das geht nicht mehr. Beim Überqueren von Straßen bin ich inzwischen vorsichtig, nutze Ampeln und Zebrastreifen. Manche Ampeln sind in ihrer Taktung allerdings eher auf sportliches Traben eingestellt, wenn man es bei Grün über die Straße schaffen will. Was erwarte ich von mir? Ich möchte trotz Einschränkung mobil bleiben, beweglich, eigenständig, selbstbestimmt – das ist für mich Lebensqualität. Ich justiere allerdings meine Messlatte immer wieder neu. Ein Ziel muss für mich erreichbar sein, ein bisschen Anstrengung darf jedoch sein. Meine frühere Beweglichkeit war ein Geschenk. Ich würde sie gerne erhalten. Geht es im Alter oder mit einer körperlichen Einschränkung zwangsläufig bergab? Nein! Ich bin gerade dabei, meinen rechten Fuß und die gesamte rechte Körperseite mithilfe des Prinzips der Spiraldynamik „naturgerecht“ wiederaufzubauen. Sicherlich ist die Verinnerlichung

eines neuen Bewegungsmusters mit zunehmendem Alter aufwendiger. Aber sie ist möglich, was ich nie gedacht hätte. Dafür bin ich dankbar. Für mich ist es gleichzeitig eine neue Erfahrung – ich investiere in mich, weil ich mir wichtig bin.
Es ist so, wie es ist – aber nur für diesen Moment. Wie geht es dir in deiner momentanen Situation? Was erwartest du von dir? Welche Anpassungen musst du an deiner Messlatte vornehmen? Bist du dazu bereit?

Raum 3: die Außenwirkung

Hast du schon einmal Fotos von dir angesehen, die dich über die Jahre deines Lebens hinweg zeigen – quasi eine Art Zeitraffer? Dein Gesicht im Alter von 15, 20, 25, 30, ... Jahren – die Zeit hat nicht nur das Aussehen beeinflusst, auch die Ausstrahlung hat sich verändert. Meist nimmt die Leichtigkeit ab, Krisen zeigen Wirkung und bringen viele kleine Veränderungen mit sich. Wir schieben es schnell auf die Umstände. Dabei hat man immer eine Wahl, heißt es. Das stimmt prinzipiell auch. Ob durch Würfeln oder nach dem Ausschlussprinzip, wie du deine Entscheidungen triffst, spielt dabei keine Rolle.

Die Bewegungseinschränkungen, die lange Zeit im Rollstuhl, das schlechte Essen in den Krankenhäusern und meine Strategie, Stress durch Essen abzubauen, haben ihre Spuren an meinem Körper hinterlassen. Meine Idealfigur ist längst Vergangenheit. Ich bin froh, wenn ich mein Normalgewicht halten kann. Was früher nur fürs Ego wichtig war, ist heute eine medizinische Notwendigkeit: 25 Prozent Eitelkeit, 75 Prozent Notwendigkeit. Sonst gibt es Probleme mit meinem Prothesenschaft. Das Wiegen selbst ist eine Herausforderung, wenn ich mein aktuelles Gewicht mit dem Gewicht von vor dem Unfall vergleichen will. Denn: Was wiegt ein ¾ Unterschenkel mit Fuß bei einer Körpergröße von 1,57 m? Solche Fragen hätte ich früher als skurril abgetan. Heute entscheide ich je nach Stimmungslage, wie ich darauf antworte: mal 1,5 kg, mal noch 500 g mehr. Meine Anforderungen an mich selbst sind gestiegen – und das, wo ich so gerne Kuchen esse! Die Folge im Alltag sind Änderungen bei meiner Ernährung. Auch der Griff zur Schmuckschatulle ist inzwischen eher die Ausnahme. Früher habe ich gerne mehrere Ringe getragen. Durch die Nutzung von Krücken und Rollstuhl und wegen des nicht geplanten Falltrainings bleiben die Ringe zu Hause. Die Folge sind dann Änderungen beim Outfit.

In früheren Zeiten waren Beziehungs- und andere Krisen für mich Anlass, mir neue Frisuren zuzulegen. Ich wollte damit einen Neuanfang dokumentieren. All das, was ich in einer Beziehung meinem Partner zuliebe getragen, gekocht, gegessen hatte, wurde erst einmal verabschiedet.

Wie machen sich bei dir Krisen in der Außenwirkung bemerkbar? Kannst du das annehmen?

Raum 4: die Selbstwahrnehmung

Das, was wir sehen und anfassen können, prägt unsere Realität, und wir nehmen nur das wahr, was wir sehen wollen. Im Alltag hatte ich mich schon oft vom Wahrheitsgehalt dieser beiden Aussagen überzeugen können. Doch das war alles nichts im Vergleich zur Reaktion meiner Enkel. Zum Zeitpunkt meines Unfalls waren sie sechs Jahre alt. Bei ihrem Besuch im Krankenhaus hatten sie sich davon überzeugen können, dass von meinem linken Unterschenkel nur noch ein Stück vorhanden war. Als ich endlich meine Prothese bekommen hatte, besuchte ich sie. Aufrecht auf zwei Beinen stand ich vor ihnen, stolz wie Oskar. Sie dagegen packte das Grauen. Sie rannten weg. Sie hatten doch genau gesehen gehabt, dass das Bein ab war! Wie konnte ich nun wieder stehen? Schlussendlich siegte die Neugier und sie wollten sehen, wie es unter meinem Hosenbein aussah. Im Gegensatz zu meinen Enkeln glauben Versorgungsämter auch heute noch, dass Beine nachwachsen können. Die Standardfrage bei einer erneuten Überprüfung meiner Schwerbehinderung ist daher: „Hat sich Ihr Zustand verbessert?"

Bei der Abschlussveranstaltung meiner Coaching-Ausbildung gab es eine nette Überraschung. Wir wählten unsere Plätze selbst. Unter jedem Stuhl lag eine Karte mit einem Spruch. In meinem Fall lautete dieser zufällig passenderweise: „Eine Schnecke kann nicht hüpfen." Ich schmunzelte und mir fiel sofort ein dazu passendes Beispiel ein: mein innerer Widerstand, die Social-Media-Kanäle so zu nutzen, wie uns empfohlen worden war. Ich hatte es versucht, es war nicht meins – es war wie das Hüpfen für die Schnecke.
Zu oft habe ich in meinem bisherigen Leben meine inneren Widerstände außer Acht gelassen oder Sehnsüchte in die Ecke gestellt. Mit beiden Beinen auf dem Boden stehend vertraue ich heute meinem inneren Kompass. Wie stark orientierst du dich an deinem inneren Kompass? Beachtest du deine inneren Widerstände?

Raum 5: das eigene Verhalten

Im Alltag gibt es immer wieder Gelegenheiten, in denen wir unsere Reaktionen und unser Verhalten an die äußeren Umstände anpassen müssen. Ist dir rückblickend auch schon mal aufgefallen, dass du in Situationen ganz anders reagiert hast als gewohnt und sich deine innere Haltung verändert hat? Krisen sind Ausnahmesituationen und wir sollten uns die innerliche Erlaubnis geben, dann nicht nach Schema F reagieren zu müssen.

Ich liebe es, immer wieder etwas Neues auszuprobieren. Manchmal muss ich dies sogar ohne Vorwarnung tun. Sturm Sabine erwischte mich im Februar 2020 in München. Zwei Tage auf einer Messe in Kempten lagen hinter mir, ein Flieger sollte mich am späten Sonntagabend nach Hause bringen. Ich war frühzeitig am Flughafen und freute mich darauf, in der Zeit bis zum Abflug noch entspannt irgendwo sitzen und eine Kleinigkeit essen zu können. Doch es kam anders. Am Flughafen angekommen sah ich Menschentrauben vor den Anzeigetafeln, es herrschte Stimmengewirr. Fast jeder Flug war gestrichen. Ich suchte noch nach meinem Flug, da piepste auch schon mein Handy. Jetzt hatte ich es „schwarz auf weiß“: Auch mein Flug war gecancelt. Ich suchte nach den Serviceschaltern. Sie waren verdeckt von den vielen Menschen davor. Ich reihte mich ein und wartete. Ich stand und stand und stand. Zum ersten Mal war ich dankbar für den Kompressionsstrumpf an meinem rechten Bein. Zwischendurch verteilten Mitarbeiter Wasser und Süßigkeiten. Trotz der vielen Menschen war die Stimmung ruhig. Manche waren gelassen, andere eher schicksalsergeben. Ab und an schnappte ich Sätze wie „Eigentlich sollte ich jetzt schon in der Maschine nach XY sitzen.“ auf. Viele führten Telefonate mit Freunden oder Familie. Keiner wusste, wie es weitergehen würde. Die Ruhe und Freundlichkeit der Servicemitarbeiter zeigten ihre Wirkung – auch bei mir. Ich war voller Zuversicht, dass sich eine gute Lösung ergeben würde. Ich staunte über mich selbst. Meine normale Reaktion wäre die eines Tigers im Käfig gewesen: Ich wäre in Gedanken aus der Haut gefahren, hätte fieberhaft Plan A, Plan B, Plan C gewälzt. Stattdessen bewahrte ich die Ruhe und überlegte – für mich ganz ungewohnt –, ob ich mich einfach auf den Boden setzen sollte. Drei Stunden dauerte es, bis ich einen Gutschein für Hotel, Taxi und Essen in der Hand hielt. Mein Flug sollte dann am nächsten Tag am Nachmittag gehen. Noch hielt meine Gelassenheit an. Doch sie sollte auf eine noch härtere Probe gestellt werden. Meine Schwester fragte mich bei jedem Anruf während dieser zwei Tage, ob ich schon die bayerische Staatsbürgerschaft beantragt habe. Noch konnte ich darüber lachen. Am nächsten Tag checkte ich bereits mittags die Anzeigetafeln am Flughafen. Mein Flug wurde als planmäßig angezeigt. Also gab ich meinen Koffer auf, ging durch die Sicherheitskontrolle und suchte mir einen abgelegenen Platz zum Arbeiten, um mein Buchprojekt voranzubringen. Doch mein Flug wurde gestrichen. Ich wurde auf einen späteren Flug umgebucht, der auf jeden Fall starten sollte. Kurz vorm Boarding kam eine Gate-Änderung. Wie die Hühner stürmten alle zum neuen Gate, das ganz am anderen Ende des Flughafens lag. Ohne Koffer konnte ich das Tempo gut halten. Geschafft, durchatmen. Doch dann blinkte plötzlich eine neue Meldung auf der Anzeigetafel auf: „Cancelled". Auch dieser Flug war gestrichen worden und einen späteren Flug würde es nicht geben. Es war wie ein Schlag in die Magengrube. Anfangs bewahrte ich nichtsdestotrotz die Ruhe und startete einen Krisencheck. Ich fragte mich, wo mein Koffer war und durchsuchte meinen Rucksack. Hatte ich alles für die Prothese dabei? Ja. Ein wenig Erleichterung setzte ein. Aber wie würde ich ohne Zahnbürste und Wechselwäsche auskommen? Die Gelassenheit vom Vortag zeigte allmählich bei allen Risse. Ein groß gewachsener Mann bekam einen Wutanfall und wurde ausfallend. Die Mitarbeiterin am Serviceschalter wehrte sich. Dank des Hinweises eines Passagiers: „Wir anderen vertreten die Meinung des Herrn nicht“, wurde die Situation etwas entschärft. Wieder bildeten sich vor den Serviceschaltern Schlangen. Nichts ging voran. Punkt 24 Uhr sollten die Schalter geschlossen werden. Dann hätte sich jeder der Gestrandeten einen Schlafplatz auf den Sitzplätzen einrichten müssen. Hektisch versuchte ich, auf eigene Faust ein Hotelzimmer zu reservieren. Ich rief bei dem Hotel an, wo ich die Nacht zuvor untergekommen war. „Alles ausgebucht“, hieß es. Die gleiche Antwort bekam ich bei zwei weiteren Häusern. Das konnte ja heiter werden – ich sah mich schon eine Nacht auf den Sitzbänken des Flughafens verbringen. In Gedanken versuchte ich, einen Ausweg zu finden. Meine Anspannung stieg mit jeder Stunde, die verging. In dem Moment habe ich erfahren, was „geschehen lassen“ bedeutet. Für einen Wutanfall hatte ich keine Energie mehr. Ich konnte nicht mal mehr stehen und setzte mich auf den Boden, die Uhr im Blick. Aber ich hatte Glück: Kurz vor Mitternacht wurde mir ein Hotel zugewiesen. Meinen Koffer bekam ich jedoch nicht mehr zurück. Der Supermarkt am Flughafen war allerdings noch geöffnet, sodass ich mich mit dem Nötigsten eindecken konnte. Meine Kleidung musste aber auch für den nächsten Tag herhalten. Ein weiterer Glücksfall war der Taxifahrer, der mich zum Hotel brachte. Die lange Fahrt verging wie im Nu. Wir tauschten Geschichten aus unserem Leben aus. Er erzählte von seinem Garten und seinen Pflanzen sowie von seiner Tochter, die in London studiert hatte. Ich berichtete von meinen Kindern und meinen Erlebnissen. Er fuhr mich am nächsten Tag auch wieder zurück zum Flughafen. Dort verabschiedeten wir uns wie alte Bekannte.

Manche Situationen unterliegen ganz eigenen Gesetzmäßigkeiten, sie lassen sich nicht von außen kontrollieren. Vor allem bei technischen Geräten ist das häufig der Fall – der Geldautomat, der die Bankkarte nicht herausgibt, das Sicherheitsverfahren, das nicht mehr funktioniert, nachdem das Handy neu gestartet wurde, die Festplatte, die nicht mehr reagiert. Dann hoffen wir meist darauf, dass sich eine Lösung ergibt. Doch auch in anderen Bereichen werden wir daran erinnert, dass alles seine Zeit braucht. Dann ist unsere Geduld gefordert. Vielleicht hast du es bei deinen eigenen Kindern oder im Bekanntenkreis miterlebt: Der errechnete Geburtstermin ist eine grobe Orientierung. Ist er

verstrichen, heißt es abwarten. Das ist für viele Menschen eine große Herausforderung.
Kannst du etwas geschehen lassen? Welche innere Haltung einzunehmen, fällt dir schwer? Was möchtest du ändern?

Raum 6: die eigene Lebenseinstellung

Raum 6 ist ein Hinterzimmer von Raum 5. Mich einfach auf das Leben einzulassen und wie auf einer Welle hindurchzusurfen, fällt mir oft schwer. Wenn es zum Beispiel um Heilungsprozesse geht, wünsche ich mir nicht nur einen Hoffnungsschimmer, sondern etwas Handfestes. In der Früh-Reha stand Monat für Monat die Frage im Raum, ob mein rechtes Bein belastbar war. Die Nennung eines konkreten Datums, an dem das Fall wäre, hätte mich sehr entlastet. Aber das konnte mir keiner nennen. Ich fragte mich, wie lange die Selbstheilungskräfte meines Körpers für diesen Prozess brauchen würden. Was traute ich meinem Körper zu? Es gab immer wieder Situationen, in denen meine Geduld gefragt war.

Bei jeder Schaftanpassung reagiert die Haut am Stumpf auf die neuen Druckbelastungen. Meist bilden sich Blasen. Ich frage mich dann jedes Mal, wie schnell sie abheilen werden. Einmal hatte ich allerdings eine offene Stelle an der Schienbeinkante, bei der ich mit meiner üblichen Ver-

pflasterungstechnik nicht weiterkam. Die Wunde nässte und wurde immer größer. Ich musste einen Fachmann konsultieren. Doch wo sollte ich ihn finden? Eine Odyssee begann. Schließlich landete ich in der Wundambulanz im Krankenhaus, wo mir mit passendem Verbandsmaterial weitergeholfen wurde. Aber was bedeutete diese Wunde – Stillstand, prothesenlose Zeit?
Oft hilft mir die Frage „Kann ich es ändern oder muss ich es akzeptieren?", um mein Verhalten entsprechend auszurichten. Das bedingungslose Akzeptieren ist für mich dennoch ein großes Übungsfeld. Inzwischen habe ich jedoch einen weiteren Ansatz kennengelernt und frage mich nun, wie ich mich und meinen Körper optimal unterstützen kann. Wie sieht es bei dir aus?

Raum 7: der Umgang mit anderen Menschen

In ungewohnten Situationen begegne ich mir selbst am Rand meiner Komfortzone. Unwillkürlich tauchen Fragen auf: „Wie erlebe ich mich?", „Wie sehen mich andere?", „Wo sind Unterschiede?" Jeder bringt dann sein Temperament, seine Erziehung, seine Erfahrungen und Vorstellungen ein. Ich verwende dafür den Begriff „Welt" oder „Realität". „Meine Welt gleich deine Welt", galt bisher für fast alle Kontakte, die ich lange Jahre gepflegt habe. Nach meinem Unfall entdeckte ich jedoch, wie schnell Realitäten nicht mehr übereinstimmen und dass Erfahrungen auch blind machen können.

Nach der Stumpfkorrektur im August 2019 lud mich ein langjähriger Freund zu einem verlängerten Wochenende an der Ostsee ein. Mit frischer Luft und etwas Wellness sollte die „beinlose" Zeit für mich etwas angenehmer gestaltet werden. Rolli und Krücken waren dabei. Später gestand mir mein Freund allerdings, dass er die Situation vollkommen unterschätzt hatte. Nach einer Hüft-OP hatte auch er Krücken genutzt, um sich langsam wieder an Bewegung zu gewöhnen. Dabei war er auch auf unebenem Terrain unterwegs gewesen und nahm dies wie selbstverständlich ebenso von mir an. Er freute sich schon auf viele Strandspaziergänge. Doch mich mit 1,5 Beinen längere Strecken im Sand mit Krücken fortzubewegen, ging über meine Geschicklichkeit und Kräfte hinaus und selbst mit Rolli war nicht jeder Weg passierbar.

Unsere Erfahrungen und Erlebnisse machen uns einzigartig. Deine Welt ist für einen anderen Menschen ein unbekanntes Territorium. Warst du schon in Situationen, in denen du die Unterschiede der Realitäten hautnah erlebt hast? Der Abschied von der Annahme, dass jede andere Person wie ich fühlt und denkt, hat mich offener gemacht und ich bin neugierig auf andere Welten geworden.

Raum 8: Beziehungen

Im Zeitalter von Facebook und Co., in dem nur die Anzahl von Likes und Followern zählt, ist vielen oft nur die Menge der eigenen Kontakte wichtig. Doch wer steht dir zur Seite, wenn du Unterstützung brauchst? Was brauchst du in Verbindung mit anderen Menschen?

„Simplify your life" – das gilt auch für Beziehungen. Im Krankenhaus hatte ich viel Zeit, um darüber nachzudenken. Familie, Freunde, Bekannte – bei wem wünschte ich mir intensiveren Kontakt und wie sollte dieser aussehen? Was war ich bereit, dafür zu investieren? Mein Unfall war so gesehen ein Prüfstein für viele Verbindungen. So konkret hatte ich bisher noch nie meine Beziehungen zu anderen Menschen betrachtet. Bei Freundschaften hatte ich oft die rosarote Brille aufgehabt. Ein Scheitern war dann vorprogrammiert, da jeder eine andere Vorstellung vom zukünftigen Zusammensein hatte. Ich spürte die Unsicherheit und Hilflosigkeit bei vielen meiner Freunde. Manche wussten nicht, wie sie mit der Situation umgehen sollten. Die weite Anreise zum Krankenhaus war eine weitere Hürde. Irgendwann hatten sich viele Kontakte in Luft aufgelöst. Die Beziehung zu meiner Schwester hingegen ist sehr intensiv geworden. Es war nicht immer leicht für sie, meine Hochs und Tiefs mitzuerleben und mir zur Seite zu stehen. Mein damaliger Freund wiederum war von der Situation

überfordert, zumal ich oft sehr dünnhäutig war. Unsere gemeinsamen Interessen wurden durch meine körperliche Einschränkung weniger. Irgendwann ging die Beziehung auseinander.
Ich hatte noch nie eine längere Zeit allein gelebt. Konnte ich mich eigentlich selber aushalten? Einen Versuch war es auf jeden Fall wert. Ich freute mich auf den Neuanfang – Angelika allein zu Hause. Es war die beste Entscheidung, die ich treffen konnte. Selbstbestimmung (Freiheit), Authentizität (Übereinstimmung mit meinen Werten, ich wollte mich nicht mehr verbiegen) und Entwicklung (Wachstum, neue Dinge ausprobieren) sind in den letzten Jahren meine wichtigsten Bedürfnisse gewesen. Bedürfnisse können sich je nachdem, wie man seine Prioritäten setzt, ändern.
Bei den Aufgaben zu diesem Buch, die du herunterladen kannst (**Link:** **https://www.angelika-zengler.de/bonusmaterial** **Code: JF76HfEMr6**), findest du das „Bedürfnis-Rad“. Ein Test damit lohnt sich. Ich habe für mich festgestellt: Je besser ich mit mir selbst klarkomme, desto entspannter bin ich auch in Beziehungen. In der heutigen Zeit probieren immer mehr Menschen neue Lebensmodelle aus. Ich kann mir gut vorstellen, Teil von größeren Gemeinschaften zu werden. Eine endgültige Entscheidung habe ich jedoch noch nicht getroffen.

Jeder hat seine ganz eigene Formulierung, mit der er sich selbst verurteilt. „Wie konnte ich bloß so dumm sein!", „Nicht schon wieder!", „Ich habe schon wieder XYZ gemacht!", „Ich kann XYZ einfach nicht!". Ich kenne noch den Höhepunkt meiner Selbstverurteilung in meiner Kindheit: „Dick, dumm, faul und gefräßig", nannte ich mich damals. Dank solcher Sätze ist es kein Wunder, dass das eigene Selbstvertrauen erfolgreich untergraben wird. Welche Sätze zur Selbstverurteilung fallen dir spontan ein? Manchmal scheitern wir an unserer eigenen Messlatte und nehmen uns das sehr übel. Unser Verhältnis zu Fehlern ist angespannt. Als Kleinkind war es anders – jedes Hinfallen beim Laufenlernen führte zur Optimierung des Prozesses. Doch spätestens in der Schule galt es, Fehler zu vermeiden. Manchmal droht Ärger, dann werden Missgeschicke meist verheimlicht.

Sehen wir Fehler jedoch als Begleiter beim Lernen an, können wir den Druck, den wir uns selber machen, loslassen. Auch die Angst vor dem Versagen schnürt uns dann nicht mehr ein. Warum übernehmen wir nicht Verantwortung für unsere Fehler, lernen daraus und machen es das nächste Mal besser? „Ja, ich habe telefoniert und die Pfanne mit dem Essen nicht im Blick gehabt." „Ja, ich habe beim Einparken nicht aufgepasst und die Stoßstange beschädigt." „Ja, ich habe das falsche Programm an der

Waschmaschine eingestellt." Mit der Übernahme von Verantwortung für einen Fehler entfallen auch die sonst üblichen Strategien im Umgang damit: sich zu verteidigen oder dem Gegenüber eine Teilschuld am Geschehen zuzuweisen.

Natürlich wollen wir stets unser Bestes geben. In vielen Situationen, in denen ich scheitere, liegt es nicht an meinem Unvermögen, sondern oft an meiner Unachtsamkeit. Eine übersehene Kante oder der nicht geprüfte Unterdruck in der Prothese und schon bin ich dem Boden näher gekommen. Wo waren nur meine Gedanken? Sicherlich nicht im Hier und Jetzt. Vielleicht kennst auch du Momente, in denen du dich konzentrieren musst, aber es einfach nicht kannst. Oder in denen du dich in einer Gedankenspirale befindest, die dich immer weiter nach unten führt. Dies kannst du mit einigen einfachen Übungen unterbrechen.

100 Prozent Aufmerksamkeit

Wenn du vor einer herausfordernden Situation stehst, hilft dein Atem dir dabei, zur Ruhe zu kommen, Kraft und Gelassenheit zu tanken.

Variante 1

Atme bewusst durch die Nase ein, halte den Atem an und atme dann durch den Mund wieder aus. Die Phase des Ausatmens sollte die längste sein. Die Dauer der Phasen könnte zum Beispiel vier Sekunden – vier Sekunden – acht Sekunden sein. Schon nach wenigen Atemzügen bist du zentriert.

Variante 2

Unterstütze die Atmung mit den folgenden Gedanken.

Beim Einatmen: Ich nehme Kraft und Ruhe auf.

Beim Ausatmen: Ich lasse alle negativen Gedanken los.

Gedankenkarussell ade

Ob Gedankenspiralen oder wiederkehrende Gedanken, wenn du diese Achterbahnfahrten in deinem Kopf unterbrechen möchtest, kannst du dies mit verschiedenen Strategien, wie zum Beispiel einem Schmerzimpuls, tun.

Variante 1

Platziere ein Gummiband an einem Handgelenk. Immer wenn die unerwünschten Gedanken überhandnehmen, lässt du es gegen dein Handgelenk schnipsen. Der Schmerzimpuls unterbricht die Gedankenkette.

Variante 2

Unterbrich immer wieder deinen gewohnten Tagesrhythmus und baue Phasen ein, in denen du dein Bewusstsein 100-prozentig auf eine Tätigkeit fokussierst: „Wenn ich gehe, dann gehe ich.“, „Wenn ich esse, dann esse ich.“, „Wenn ich schlafe, dann schlafe ich.“ Bewusstes Gehen, bewusstes Essen, bewusstes Schlafen lassen dich die Gedankenkette unterbrechen.

Variante 3

Der Pastor Will Bowen hatte die Idee, negative Gedanken mithilfe eines Armbandes zu reduzieren. Lege ein Armband um ein Handgelenk. Immer dann, wenn du dich beklagst, meckerst, jammerst oder lästerst, wechselst du das Armband ans andere Handgelenk. Ziel ist es, 21 Tage lang das Armband nicht zu wechseln. Diese Idee kannst du übrigens mit jedem Glaubenssatz, den du ändern möchtest, umsetzen.

„Wenn du loslässt, hast du zwei Hände frei.“ (aus China)
„Nur mit leeren Händen kannst du nach Neuem greifen.“ (Unbekannt)

10 Auf der Suche nach Glück

Seit meinem Unfall habe ich meine Liebe für Sprüche entdeckt. Inzwischen ergeben viele davon auch Sinn. „Jeder Tag birgt eine neue Chance!" Früher hätte ich diesen Spruch abgetan, vielleicht nachgefragt: „Welche Chance soll das sein?" Denn bei meinem durchgetakteten Arbeitsalltag blieb nicht viel Freiraum. Dann hätte ich hinzugefügt: „Im Übrigen bemühe ich mich bereits nach Kräften, meine Aufgaben gut zu erledigen!" Ich sah eine Chance nur als Möglichkeit, etwas korrigieren zu können. Klar hatte ich zum damaligen Zeitpunkt auch Träume. Doch sie blieben Träume. Ich trug nichts dazu bei, sie Wirklichkeit werden zu lassen. Ein Ausbruch aus dem Alltagstrott war für mich undenkbar. Im Fall der Fälle hätte ich alles aufgezählt, was mich daran hinderte, über meinen Schatten zu springen. Das konnte ich gut. Der wirkliche Grund für meine Feigheit war allerdings die Abwägung zwischen Kopf („Ich trau mich nicht.") und Herz („Jetzt oder nie!"). Der Kopf und somit die Angst hatte bei mir stets die besseren Argumente. Kennst du den zu Beginn genannten Spruch auch? Oder reagierst du eher mit Bitterkeit und Resignation, wenn du kein Licht am Horizont siehst? Für mich war dieser Spruch nach dem Unfall Trost, Aufmunterung, Lichtblick und Hoffnung. Ein Scheitern war nicht endgültig. Am nächsten Tag mit neuen Kräften, unter anderen Umständen und mit einer veränderten Strategie würde vielleicht ein anderes Ergebnis herauskommen. Auf diese Weise sammelte ich kleine Erfolgserlebnisse und fädelte sie zu einer imaginären Perlenkette auf. Diese war für mich Ansporn zum Weitermachen. Mein früherer Alltagstrott hat sich bisher noch nicht wieder eingestellt, Langweile kommt nicht auf. Für Überraschungen sorgt sehr häufig mein halbes Bein. Damit führe ich ein aufregendes Leben, denn kein Tag ist wie der andere. Wenn ich heute mit meinem jüngsten Sohn telefoniere, sind seine ersten Worte meist: „Erzähl, was hast du jetzt schon wieder angestellt?“ Und natürlich gibt es immer etwas zu erzählen, woraufhin wir in Lachen ausbrechen. Ich liebe ihn dafür!

Ich bezeichne mein amputiertes Bein immer als „wanderndes“ Handicap. Denn das Leben damit bietet mir die volle Bandbreite von (fast wieder) normal über unterschiedliche Grade der Einschränkungen beim Gehen bis hin zur Nutzung eines Rollstuhls. Die drei folgenden Geschichten sollen dir einen kleinen Eindruck von diesen drei Varianten vermitteln. Die Übergänge zwischen den Stadien sind meist fließend. Mein Leben gleicht deshalb häufig einer Achterbahnfahrt. Auf dem Jahrmarkt oder in einem Vergnügungspark sind die Loopings der Fahrgeschäfte allerdings gut sichtbar, in meinem Leben leider nicht. Ich bin froh, dass die Achterbahn meines Lebens mir zumindest immer etwas Zeit lässt, um mein Gleichgewicht wiederzufinden. Bei den Fahrgeschäften bin ich hingegen meist kreidebleich aus dem Wagen gestiegen.

Fast normal – ein Waldspaziergang

Das Jahr 2019 fing gut an. Ich bekam zum Test einen neuen Fuß, der mir das Gehen etwas erleichtern sollte. Steigungen und Gefälle sind mit einer Beinprothese die Königsdisziplin – und dieser Fuß sollte sich automatisch den Gegebenheiten anpassen. Ich war neugierig und hatte mir schon ein Testgebiet ausgeguckt: die Talsperre Zeulenroda. Rund um die Talsperre gibt es zahlreiche Wanderwege. Direkt am Ufer ist eine Teilstrecke barrierefrei ausgebaut, ich war sie schon öfters gegangen. Damit wollte ich beginnen. Nach einer guten halben Stunde hatte ich das Ende dieses Weges erreicht. Ich war überhaupt nicht erschöpft. „Jetzt wieder zurück? Nein", dachte ich, „nun kann ich ja etwas Schwierigeres versuchen." Am Ufer entlang kam ich nicht weiter, aber etwas oberhalb schien ein Weg in den Wald zu führen – dort wollte ich hin. Es war ein richtiger Waldweg, nicht präpariert. Ein Waldarbeiter kam aus dem Waldstück. „Es ist noch nicht alles vom letzten Sturm weggeräumt", teilte er mir mit. Das sollte mich jedoch nicht von meinem Vorhaben abhalten. Beim Eintauchen in den Wald musste ich erst einmal stehen bleiben, damit sich meine Augen an die verwirrenden Lichtverhältnisse gewöhnen konnten, Hell und Dunkel wechselten sich ständig ab. Ich sog die Luft ein, den Geruch der Nadelbäume und der Walderde – es roch so gut. Der Boden war mit Laub bedeckt, der Weg schmal. Ich ahnte, wohin er führte: nicht etwa sanft am Hang entlang, sondern steil nach unten zu einer kleinen Senke, um dann irgendwann wieder anzusteigen. Mit meiner alten Fußprothese wäre ich den Pfad in Zickzacklinien hinuntergegangen. Oder seitwärts Schritt für Schritt, immer darauf bedacht, nicht wegzurutschen. Auf dem Laub wie auf einer Geröllhalde bergab zu „fahren" wäre kamikazemäßig gewesen, denn ich konnte darunter die Baumwurzeln, die über den Weg liefen, nicht sehen. Ich erinnerte mich: Früher war ich mit kleinen Schritten geradewegs nach unten gegangen, hatte manchmal eine kleine S-Linie beschrieben, wenn ich dabei zu schnell wurde. Also probierte ich es aus – ein Schritt, dann noch einer und immer so weiter. Es klappte! Kein Abfangen mit dem Knie war nötig, keine schmerzende Hüfte die Folge, es ging wie von selbst. Ich konnte mein Glück noch gar nicht fassen, so leicht ein Gefälle überwunden zu haben. Das musste ich meiner Schwester erzählen, denn fortan stand unserer Pilzsuche im Herbst nichts mehr im Wege. Ich hätte noch stundenlang weitergehen können, wollte aber keine Blasen am neuen Schaft riskieren.

Über einen Schrittzähler registrierte ich von da an meine Fortschritte beim Gehen. Mit meinem Eifer steckte ich sogar meine Schwester an. In unseren Telefonaten stellten wir uns dann oft gegenseitig die Frage: „Wie viele Schritte hast du heute geschafft, was war in dieser Woche dein Rekord?“ Weißt du, wie viele Schritte du an einem Tag schaffst?

Die Einschränkungen – die Vor- und Nachwehen meiner Stumpfkorrektur

Diese Euphorie über meine neue Prothese hielt etwa fünf Monate lang an. Dann kam der Absturz. Die Gewebeverhältnisse am Stumpf verschlechterten sich zusehends, weswegen ich jegliche Bewegung auf ein Minimum reduzieren musste. Eine Stumpf-OP war die einzige Lösung und zwar am liebsten sofort. Ich hatte in dem Jahr allerdings noch einiges vor. Im November sollten zwei Bälle stattfinden, bei denen ich dabei sein und tanzen wollte. Ich rechnete daher zurück: zwei Wochen Spielraum für den neuen Schaft, bei guter Heilung sechs Wochen im Rolli, ein bis zwei Wochen im Krankenhaus. Die OP musste daher spätestens Mitte August stattfinden, am besten früher. Soweit meine Planung – auf dem Papier sehr einfach. Doch Juli und August sind beliebte Urlaubsmonate, weswegen es zu einer Verschiebung kam. Ich saß wie auf heißen Kohlen, den Blick auf den Kalender gerichtet. Die Zeit zog sich für mich wie Kaugummi. Ich sollte die Prothese bis zur OP nur eingeschränkt nutzen. Ich kam mir vor wie ein Tiger im Käfig, der einen Zellenkoller bekommt und die Gitterstäbe abwandert. Der einzige Unterschied: Ich wanderte nur innerlich. Ich zählte die Tage bis zur OP. Ich wusste, dass es danach langsam wieder aufwärtsgehen würde. Dank meines Arztes, meines Orthopädietechnikers und meiner Heilungskräfte war es Ende Oktober so weit – endlich konnte ich wieder stehen und aufrecht durchs Leben gehen. Für meine Umgebung war dies jedoch nicht immer ein Vergnügen, denn meine neue Prothese „sprach" mit mir. Ein Quietschen und Knarren machte mich darauf aufmerksam, dass ich sie besser aus- und noch einmal neu anziehen sollte, weil der Unterdruck nicht gehalten werden konnte. Ich wusste, dass es noch nicht das endgültige Modell war, fürs Tanzen reichte es aber. Das war für mich erst einmal die Hauptsache.

Im Rollstuhl – Barrieren überwinden

Andere Menschen müssen sie teuer bezahlen, ich bekomme sie frei Haus geliefert: Trainingscamps für neue Erfahrungen. Jedoch nur in Zeiten im Rollstuhl. Zwei Erfahrungen möchte ich hier schildern. Die erste machte ich bei der Suche nach einer neuen Wohnung. Bei den Besichtigungsterminen waren wider Erwarten hin und wieder die Aufzüge in den Häusern außer Betrieb. So musste ich mehr als einmal im Kniestand die Treppen hinauf und auf dem Po wieder hinunterrutschen. Kinder hätten sehr viel Freude daran gehabt. Die Treppe war danach auf jeden Fall sauber. Aufgrund dieser Aufzugausfälle habe ich die jeweiligen

Wohnungen dann allerdings nicht gemietet, selbst wenn sie noch so schön waren.
Die zweite Erfahrung verursachte ich selbst. Fehleinschätzungen haben meist Folgen. Ich hatte ein Wochenende bei einem Freund verbracht und war mit der Regionalbahn zurück nach Hamburg gereist. Meinen gut gefüllten Rucksack hatte ich mit den Trägern über die Griffe meines Rollstuhls gehängt. Beim Aussteigen musste ich die leichte Steigung der Rampe am Zug überwinden. Dadurch verschob sich der Schwerpunkt des Rucksack-Rollstuhl-Systems. Der Rolli kippte nach hinten und ich mit ihm. Wie ein Käfer auf dem Rücken lag ich da. Mir war nichts passiert, denn der Rucksack hatte den Aufprall abgebremst. Beherzt griffen die anderen Fahrgäste zu. Sie richteten den Rolli mit mir darin wieder auf und halfen mir aus dem Zug. An ihren Gesichtern konnte ich aber sehen, dass ihnen der Vorfall einen gehörigen Schrecken eingejagt hatte.

Viele Menschen geben mir zu verstehen, dass sie mit einem Leben mit solchen Einschränkungen nicht klarkommen könnten. Natürlich fände auch ich es schön, etwas mehr Kontinuität zu haben, wieder mehr ein unbeschwerter Zweibeiner zu sein. Doch für mich ist dies nicht die entscheidende Rahmenbedingung für mein Leben. Meine Lebenszeit ist kostbar und ich kenne ihr Enddatum nicht. Überlege doch einmal, wie du deinen Tagen mehr Leben geben kannst – und zwar unabhängig von den Päckchen,

die du im Moment trägst. Bist du bereit, dich darauf einzulassen? Es wird ein Erlebnis mit allen Sinnen.
Jeden Tag genießen, sich etwas gönnen, sich etwas Gutes tun. Dies löst positive Gefühle aus, wie Wohlbehagen, Freude, Glück, Zufriedenheit, – ein Zustand, der Lust auf mehr macht. Genuss hat viele Facetten, denn alle Sinne werden dadurch angeregt. Jeder von uns hat einen anderen Zugang zu Genuss. Für die meisten Menschen ist er allerdings verbunden mit gutem Essen und Trinken. Aus meiner Kindheit kenne ich noch die „Schiebewurst". Die Wurstscheiben für ein Brot waren in meiner Familie zugeteilt. Ich habe vor dem Abbeißen die Wurstscheibe daher immer ein wenig nach hinten geschoben, weil ich mir möglichst viel für den letzten Bissen aufheben wollte – das Highlight: Wurst fast pur. Genuss hatte damals den Hauch des Exklusiven, Außergewöhnlichen. Mit einer guten Flasche Wein wurde ein besonderes Ereignis gefeiert, wie eine Beförderung, eine bestandene Prüfung und so weiter. Täglicher Genuss war unvorstellbar, fast schon dekadent. Das richtige Maß zu finden, ist oft nicht einfach, denn die Maxime „je mehr, desto besser" stimmt nicht. Ab einem gewissen Punkt flacht das Wohlgefühl wieder ab. Manchmal wird aus Genuss dann eine Sucht. Die Folgen von einem Glas Wein zu viel hast du sicherlich schon einmal erlebt. Vielleicht ist dir auch der „Zaubertrick" bekannt, mit einem kleinen Stück Schokolade plötzlich die ganze Tafel verschwinden zu lassen. Während einer Diät ließ mir der

Heißhunger auf Schokolade keine Ruhe. Der ultimative Rat meines Freundes dazu lautete: „Iss doch gleich die ganze Tafel, dann wird dir schlecht und du kannst Schokolade nicht mehr sehen.“ Ich war damals Anfang zwanzig und hatte grenzenloses Vertrauen in ihn. Nach dem Verzehr einer Tafel Nussschokolade stellte ich jedoch fest, dass mir immer noch nicht schlecht war. Zum Glück meldete sich mein Gewissen und ich wagte es nicht, mit der nächsten Tafel weiterzumachen.

Im Laufe der Jahre wächst bei vielen Menschen nicht nur die Bereitschaft, sich etwas fürs leibliche Wohl zu gönnen. Zu den Genüssen zählen auch Wellnesseinheiten, Events (z. B. in den Bereichen Literatur, Kunst, Theater, Reisen, Sport) und nicht zuletzt Sexualität. Manches davon lässt sich leicht in den Alltag integrieren, anderes funktioniert nur mit viel Zeit oder einem gefüllten Geldbeutel. Für mich hat Genuss seit jeher etwas Sinnliches, verbunden mit Vorfreude, Kribbeln im Bauch und Lust. Wie in der Eiswerbung im Kino: wunderschöne Frauen, blutrot geschminkte Lippen, lange Wimpern, ein lasziver Blick, ein Biss in die kalte Delikatesse – und die Welt bleibt stehen. Bist du ein Genussmensch? Wenn ja, welcher Genusstyp bist du? Kannst du etwas allein genießen? Für alle, denen im Laufe des Lebens die Genussfähigkeit abhanden gekommen ist, gibt es eine gute Nachricht: Genießen kann man wieder erlernen. Dafür habe ich zwei Übungen konzipiert. Erstelle zunächst deine persönliche Genusslandkarte (1. Übung). Hole anschließend deine Genussfähigkeit aus dem Dornröschenschlaf. Selbst wenn du bereits genießen kannst – vielleicht findest du beim Sensitivitätstraining (2. Übung) etwas, was du noch nicht kennst.

Deine Genusslandkarte

Erstelle mithilfe der folgenden vier Schritte deine persönliche Genusslandkarte.

- Schritt 1: Genussmomente sammeln

Was hat dir bisher in deinem Leben Genuss bereitet? Stelle dir einen Timer auf fünf Minuten und leg los! Erstelle eine Liste deiner Genussmomente. Überlege dabei nicht lange und mach keine Pause beim Schreiben. Falls du die Liste als zu kurz empfindest, wiederhole die Übung unter veränderten Rahmenbedingungen. Einige Möglichkeiten dafür sind:

- Achte auf deine Gefühle: Welches Ereignis auf deiner Liste war ein echtes Highlight für dich? Schließe deine Augen – kannst du das Gefühl von damals erneut wahrnehmen? Koste es aus, bade darin. Dann öffne die Augen wieder. Ergänze deine Liste nun um alle Ereignisse, die bei dir die gleiche Gefühlslage ausgelöst haben.

- Genießen verbinden wir oft mit besonderen Anlässen und meinen, dass es nur dann funktioniere. Wenn dies auch auf dich zutrifft, ersetze das Wort „Genuss“ durch „Freude“.
- Haben dir die fünf Minuten nicht gereicht, um darüber nachzudenken oder warst du in Gedanken woanders? Dann schaffe dir eine Wohlfühlatmosphäre und versuche es noch einmal.

● Schritt 2: Genusskategorien/Genusstypen

Deine Liste offenbart Geheimnisse darüber, welche Genüsse du bevorzugst. Ordne diese. Sie lassen sich zum Beispiel in folgende Kategorien einteilen:

- „Kulinarisch“ (schmecken, riechen): Essen, Trinken (aber auch: eine Zigarre rauchen)
- „Körperlich“ (fühlen): Massagen, Wellness, Sport, Sex
- „Geistig“ (hören, sehen): Musik, Lesen, Hörbücher, Podcasts
- „Events/Erlebnisse” (meist alle Sinne): Besuch von Literaturcafés, Ausstellungen, Theatervorstellungen, Reisen, Sport-/Tanzveranstaltungen u. v. m.

Die Kategorien sind nur auf den ersten Blick eindeutig. Beim Essen kann es beispielsweise ein Zusammenspiel von mehreren Genussfaktoren geben: das Essen selbst und das Event des Essengehens im Restaurant, wo eine besondere Stimmung, und ein anderes Ambiente als daheim herrschen. Meist gehen wir mit anderen zusammen essen. Diese Gemeinschaft und der Austausch mit anderen sind für viele Menschen sogar wichtiger als der eigentliche Genuss der Speisen.

- Schritt 3: Genussskala

Gibt es für dich Favoriten unter den Genüssen? Wähle deine persönliche Top 5. Manchmal genügen schon kleine Stimmungsaufheller. Kannst du den Einträgen auf deiner Liste Empfindungen zuordnen, wie genussvoll – genussvoller – am genussvollsten? Was ist bei der Bewertung für dich maßgebend – die Empfindung in der betreffenden Situation oder wie lange du von dem Ereignis zehren kannst?

- Schritt 4: Der Rahmen für Genuss

Viele Menschen brauchen einen bestimmten Rahmen, um genießen zu können. Dazu gehören oft ein Vorlauf, um den Alltag hinter sich zu lassen, Ruhe, eine gewisse

Stimmung, genügend Zeit, vielleicht auch die Gesellschaft von bestimmten Menschen. Was brauchst du?

Sind dir die Antworten auf die Fragen leichtgefallen oder hast du dafür lange überlegen müssen? Falls Letzteres der Fall ist – was hat dich zögern lassen? Vielleicht war es einfach nicht der richtige Zeitpunkt. Dann wiederhole diese Übung ein andermal.

Deine Genussfähigkeit wachküssen – ein 14-Tage-Programm

Kannst du dich von gar nichts begeistern lassen? Hast du keine Lust mehr auf einen Kino- oder Theaterbesuch, ein schönes Buch, Kuscheln mit deinem Partner oder eine Badewannen-Session zum Entspannen? Hast du kein Gefühl mehr für die schönen Momente eines Tages? Dann hilft nur eins: Kraft tanken durch die Entzerrung deines Tagesablaufs und das Einlegen von Pausen zum Atemholen. Ein kleiner Umweg ist dabei nötig – beantworte die folgenden Fragen: Was raubt dir Energie und/oder Zeit? Wo sind deine Grenzen? Du hast immer die Wahl, wie viel Belastung du auf dich nehmen willst. Was meinst du – wie viele positive Erlebnisse brauchst du mindestens, um einen Tag einigermaßen zufrieden abzuschließen? Wie sieht deine aktuelle Tagesbilanz aus?

- Buchhaltung am Abend

Führe zwei Wochen lang Buch über deine Genussmomente, um dir Klarheit darüber zu verschaffen. Die Buchhaltung kannst du auf unterschiedliche Arten durchführen. Wähle die, die dir mehr zusagt.
a) Halte die Ereignisse eines Tages in zwei Listen fest: eine für positive und eine für negative Erlebnisse. Die Positiv-Liste umfasst alles, was dir Freude gemacht, die Negativ-Liste alles, was hat dich belastet hat. Es gibt allerdings eine Regel: Es müssen immer mindestens fünf Punkte auf der Positiv-Liste stehen.
b) Schreibe jedes positive Ereignis eines Tages auf einen Zettel und lege ihn in eine Schale, eine Box, ein Glas o. Ä.
Am Ende jeder Woche machst du Kassensturz und überprüfst die Positiv-Listen bzw. die gesammelten Zettel. Entdeckst Du Gemeinsamkeiten? Kannst du wiederkehrende Genussfaktoren erkennen?

- Intensive Sinneserfahrungen

Nimm dir zwei Wochen lang täglich fünf Minuten Zeit, um dich auf eine Sinneserfahrung zu konzentrieren.

Schmecken

Fang mit einem Stückchen Schokolade an. Lege es dir auf die Zunge und schließe die Augen. Lass es im Mund zergehen, aber warte mit dem Hinunterschlucken, bis dein Körper dir den Impuls dafür gibt. Welche Konsistenz nimmt die Schokolade dabei an, wie breitet sie sich im Mund aus? Was bemerkst du bei dieser langsamen Art des Essens im Vergleich zu deinem sonstigen Tempo? Probiere es auch mit einem kleinen Stück Brot, Apfel, Käse, Salzstange etc.

Riechen

Welche natürlichen Aromen hast du zur Verfügung? Intensiv duftende Substanzen, wie frische Kräuter, Blüten, Tannennadeln, frisch gemahlener Pfeffer, Zimt, Vanille oder reine ätherische Öle (ohne Zusatzstoffe), sind gute Objekte zum Üben. Parfums und Duftöle eignen sich hingegen nicht, da sie synthetische Zusatzstoffe enthalten. Um ihren Duft zu intensivieren, können frische Pflanzenteile zerrieben werden. Bei ätherischen Ölen kannst du wählen, ob du direkt an der Flasche riechst oder das Öl auf deinen Händen verteilst. Gib dafür einen Tropfen auf eine deiner Handflächen und reibe anschließend beide Hände aneinander. Forme sie dann zu einer Schale und atme den Duft daraus über die Nase ein. Schließe dabei die Augen. Was riechst du besonders gerne? Kommen bei bestimmten Düften bzw. Gerüchen Erinnerungen hoch?

Sehen

Schalte den Panoramablick ab und entdecke die Schönheit im Detail. Versenke dich buchstäblich darin: eine Blüte mit ihren Blütenblättern, die Rinde eines Baums, ein zerknittertes Stück Papier, die Maserung von Holz, wandernde Wolken am Himmel, Licht, das durch Bäume scheint, ein Marienkäfer, der auf einem Grashalm krabbelt, eine Katze, die einen Vogel entdeckt hat, das Gesicht einer Person. Kommen dabei Gedanken in dir hoch oder entdeckst du beispielsweise Gesichter in der Baumrinde?

Fühlen

Zunächst geht es ums buchstäbliche Begreifen, um deinen Fühl-Horizont zu erweitern. Wähle dafür Gegenstände mit unterschiedlichen Oberflächenstrukturen aus. Schließe dann die Augen und stelle dir vor, dein Sehvermögen wäre stark reduziert, sodass du deine Umwelt ausschließlich über deine Hände erfahren könntest – ausgehend von Form, Struktur, Beschaffenheit und Temperatur eines Gegenstandes. Beliebte

Übungsobjekte dafür sind: Samt, Schmirgelpapier, eine Bürste, ein Seidenschal, ein Kuscheltier, eine Gabel, Papierschachteln, Schraubverschlüsse, Bohnen usw.
Stell dir nun vor, du berührst eine Person, die du sehr magst. Berühre anschließend dich selbst in der gleichen Weise. Lass deine Finger über jede Wölbung und Senke deines Gesichts wandern. Fahre die Kontur deines Mundes, deiner Nase und deiner Augen ab. Spüre, wo die Haut weich, wo eher fest ist. Wie fühlen sich einzelne Körperteile, wie zum Beispiel deine Zunge an? Entdecke deine Ohren, deinen Nacken, deine Arme, Hände und Füße. Dann die Beschaffenheit deiner Haut, die Festigkeit deines Gewebes, deine Muskeln, die Temperatur deines Körpers. Spüre Kraft, Anspannung und vieles mehr. Probiere verschiedene Arten der Berührung aus – sanft, fest, streicheln, zupfen, trommeln, leichtes Klatschen.
Nun führe einen Vergleich durch – was gefällt dir besser? Verteile ein wenig Babypuder auf einem deiner Arme und streiche langsam sanft darüber. Wie verändert sich das Fühlen? Nun gibt etwas Babyöl auf den anderen Arm und lass deine Finger über die Haut gleiten. Zu welchem Ergebnis kommst du?

Hören

Beginne mit Geräuschen aus dem Alltag: Beiß in einen Zwieback, lass ein Glas klingen, mach mit Besteck Musik, trommle mit den Fingern auf verschiedene Oberflächen, zünde ein Streichholz an und lass es zischen, lausche dem Schnappen eines Feuerzeuges, zerknülle oder zerreiße Papier, knistere mit Zellophanpapier, schalte den Staubsauger, die Kaffeemaschine, den Wasserkocher ein, lass ein Regenmacher durchrinnen, erzeuge Geräusche mit einer Dose mit unterschiedlichem Inhalt – Bohnen/Reis/Perlen, höre einem fahrenden Auto zu, horche dem Vogelgezwitscher, dem Wellenrauschen, einem Alarmton. Auch die Klingeltöne eines Handys kannst du nutzen. Ebenso professionell aufgenommene Geräusche auf einer Klang-CD, deine Lieblingsmusik, Musikinstrumente. Nicht zu vergessen alle Geräusche, die du ohne Hilfsmittel selbst produzieren kannst: schnalzen, pfeifen, prusten, schnauben, schnippen, klatschen. Bei welchen Geräuschen kommst du zur Ruhe, welche erzeugen Stress? Welche Geräusche nimmst du im Alltag schon gar nicht mehr wahr?

Trainiere nun das Ausblenden solcher Sinnesreize. Nicht immer kann man sich die Umgebung aussuchen. Ein Standardbeispiel für ein nicht selbst gewähltes Territorium ist ein Großraumbüro mit geringer Schalldämmung. Um dort konzentriert arbeiten zu können, muss man die Reize des Umfelds ausblenden. In welcher Umgebung ist für dich das Ausblenden eine Herausforderung? Schaffst du es trotzdem für kurze Zeit? Bei welchen Sinnen bzw. Reizen und bei welchen Tätigkeiten gelingt es am besten?

Körperempfindungen wahrnehmen

Körpersignale, wie zum Beispiel ein flaues Gefühl im Magen, ein Kloß im Hals, Anspannung im Körper, ein mühsam unterdrücktes Lachen, feuchte Augen, schwitzige Hände, ein Kribbeln im Nacken oder eine Schockstarre, begleiten uns im Alltag permanent. Was machst du daraus? Nimmst du solche Körpersignale ernst oder überspielst du sie? Welche davon kennst du gut und in welchen Situationen tauchen sie auf? Gibt es dabei bestimmte Muster?

„Lieber den Spatz in der Hand, als die Taube auf dem Dach.“ – nach diesem Motto handeln „Alltagsgenießer“. Sie wissen, dass sich durch bewussten Genuss aus wenig viel entwickeln kann, und schaffen sich im Alltag Wohlfühlmomente, in denen sie Kraft tanken können. Probiere es selbst einmal aus! Erzeuge Wohlfühlmomente im Alltag, die deine Sinne auf positive Weise stimulieren: ein Latte macchiato in der Mittagspause, deine Lieblingsmusik zwischendurch, Gartenarbeit, ein spannendes Buch, ein Puzzle, Handarbeiten, malen, tratschen mit einer Nachbarin, Sport im Verein, ein Spieleabend, musizieren. Der Arbeitsplatz kann ebenfalls für Wohlfühleffekte sorgen: die Befriedigung und der Stolz, nach dem Lösen einer kniffligen Aufgabe, das Finden eines neuen Lösungswegs. Letzteres hat mir in meinen IT-Projekten immer sehr viel Spaß gemacht. Bei der Fehlersuche habe ich mich motiviert, indem ich in meiner Vorstellung die Jagd nach einem Mörder aufgenommen habe. Ist man in eine Tätigkeit so vertieft, dass man alles andere vergisst, ist man im sogenannten Flow-Zustand. Für mich ist dieser eine Quelle der Entspannung. Selbst Laufen kann zu einer Art Droge werden. Einer meiner Freunde ist passionierter Marathonläufer. Das monatelange Training auf den Tag X hin und dann der Zieleinlauf nach einigen Hängepartien sorgen für jede Menge Glücksgefühle.

Diese Beispiele zeigen, wie wenig nötig ist, um die eigene Stimmung heben zu können, selbst wenn es nur für einige Momente ist. Gefühle der Freude können auch aus uns heraus einfach so entstehen. Oft verhindern jedoch Glaubenssätze eine sprudelnde Lebendigkeit: „Das macht man nicht!“, „Das Leben ist zu ernst dafür!“, „In meinem Job muss ich seriös wirken!“ Dabei hat jeder eine innere Quelle

der Freude, Leichtigkeit und Unbefangenheit. Ein bisschen Verrücktheit, um sie zu wecken, schadet nie.
Ich gehe gerne mit meiner Schwester ins Kino. „Ziemlich beste Freunde“ ist mein absoluter Lieblingsfilm und daran wird natürlich jeder neuer Streifen gemessen. Bei einem anderen Kinobesuch waren wir ebenfalls in einem französischen Film. Meine Schwester hatte ihn ausgesucht. Er war jedoch enttäuschend – wir kannten alle Gags schon aus dem Trailer, der Film enthielt nichts Neues. „Ich suche den nächsten Film nicht wieder aus“, war die Reaktion meiner Schwester. Sie nahm sich den Reinfall zu Herzen. Im Bus auf dem Heimweg zog ich sie so lange mit ihrer Fehlentscheidung auf, bis wir vom Lachen Tränen in den Augen hatten. Wir hielten uns die Bäuche und schnappten nach Luft. Ein älterer Mann, der uns gegenüber saß, sprach uns an und sagte: „Schön, ein solches Lachen zu erleben.“

Hast du eine Vorstellung von ungebremster Freude? Hast du sie mal erlebt? Für mich waren die glänzenden Augen meiner Kinder an Weihnachten, ihre Aufregung beim Auspacken der Geschenke, der anschließende Freudentanz und dann das Versinken im Spiel der Inbegriff von solcher Fröhlichkeit. Auch die Jagd nach den Ostereiern, die Ungeduld am Nikolaustag oder der Geburtstag, wenn ein Kind zum Helden des Tages wurde, waren solche Momente. Ihre Freude war einfach ansteckend. Im Laufe der Jahre wurden ihre Wünsche zu diesen Anlässen konkreter, damit trat der Überraschungseffekt in den Hintergrund. Jedoch war dann die Enttäuschung riesengroß, wenn ein Wunsch nicht genauso in Erfüllung ging, wie sie es sich vorgestellt hatten. Was wäre, wenn wir uns unsere Kinder zum Vorbild nähmen und uns unbefangen auf den Tag einließen? Selbst wenn wir in groben Zügen den Tagesablauf kennen würden, bedeutete dies nicht, dass wir im Kopf die Ergebnisse vorwegnehmen müssten. Blende dafür deine Erwartungen aus, denn sie rauben dir den Handlungsspielraum. Lass dich (positiv) überraschen. Überprüfe einmal, welchen Einfluss deine Erwartungen auf dein Handeln haben.

Erwartungen überprüfen

- Wahrsagen

Wähle ein Ereignis in der Zukunft aus und male dir aus, wie dessen Ergebnis aussehen wird. Wie wird sich beispielsweise ein wichtiges Gespräch entwickeln? Schreibe deine Vermutungen, Hoffnungen und Befürchtungen auf.
Führe diese Übung für fünf unterschiedliche Situationen durch. Vergleiche dann im Nachhinein den tatsächlichen Ablauf mit deinen Notizen. Sind deine Erwartungen eingetreten?

- Für Überraschungen sorgen – anders agieren als erwartet

Du kennst sicherlich alltägliche Situationen, in denen andere etwas von dir erwarten. Das kann die Erledigung einer bestimmten Arbeit im Haushalt sein, eine Gefälligkeit, ein Engagement oder einfach die Begleitung zu einem Termin. Wähle Situationen aus, bei denen entweder deine Zustimmung oder deine Ablehnung erwartet wird. Vielleicht entsprechen diese Erwartungen deinem normalen Verhalten.
Erlaube dir nun, mit diesen Situationen zu spielen und nicht der Erwartung gemäß zu handeln. Fällt dir das schwer? Wie reagieren die anderen darauf?
Übungsfelder sind zum Beispiel: Gefälligkeiten in der Partnerschaft oder Familie, Hausarbeit etc. Dies sind wiederkehrende Situationen, die manchmal eskalieren. Das liegt daran, dass du bisher in diesen Fällen keine klaren Grenzen gesetzt oder mit Vorwürfen oder Entschuldigungen reagiert hast. Welche Verhaltensweisen wären stattdessen möglich? Statt dich zu verteidigen, könntest du Verständnis zeigen, statt Vorwürfe zu machen, um etwas bitten, statt Aufgaben widerwillig zu übernehmen, Nein sagen.

„Genieße den Tag" – du hast nun fast alle Zutaten für einen gelungenen Tag zusammen: Vorfreude, Unbefangenheit, die Bereitschaft, Grenzen zu setzen, und deine Lebensfreude. Wenn du außerdem gerne spielst und neue Dinge ausprobierst, hast du alles, was du brauchst. Spielen hat viele Facetten. Manche erleben auch die Suche nach kreativen Lösungen oder das Verlassen ihrer Komfortzone als Spiel und somit als Genuss.
Und dennoch – manchmal kann man einfach nichts Gutes in einer Situation sehen. Für meine beiden Enkel richte ich regelmäßig ein Übernachtungswochende mit einem besonderen Highlight bei mir aus. Ich freue mich stets auf die gemeinsame Zeit. Im Herbst 2019 hatte ich zu diesem Anlass für uns drei einen Erste-Hilfe-Kurs gebucht. Es war offiziell ein Kurs für Erwachsene, dass die beiden Jungs teilnehmen durften, hatte ich aber vorher mit dem Veranstalter abgeklärt. Sie waren die einzigen Jugendlichen in der Gruppe. Ich saß zu diesem Zeitpunkt nach meiner Stumpf-OP noch im Rollstuhl. Die Teilnehmer, die nur die Teilnahmebescheinigung mit nach Hause nehmen wollten, hofften auf einen schnellen, kurzen Einführungskurs. Doch sie kannten meine wissbegierigen Enkel nicht. Dank ihrer Fragen wurde die angesetzte Zeit voll ausgeschöpft. Die Leiterin des Kurses ließ sich von den Jungs nicht aus der Ruhe bringen und nahm es sportlich. Ich selbst war hin- und hergerissen – stolz über das Interesse, das sie zeigten, und erstaunt über die Wahrnehmung von 13-Jährigen,

aber manchmal auch bemüht, sie zu bremsen, wenn sie hartnäckig auf einer Antwort auf eine ihrer Fragen bestanden. Diese waren teilweise ziemlich abwegig und kindlich: „Was macht man, wenn jemand aufgespießt ist?" Spannend waren für mich aber ihre spontanen Äußerungen. Einmal ging es um das Einsammeln von Körperteilen, die bei einem Unfall abgetrennt worden sind. „Wie eklig ist das denn? Ich würde das nicht machen", rief einer der beiden. Und auf die Erläuterung, dass man als Folge eines Unfalls eventuell für immer an den Rollstuhl gefesselt sein könnte, reagierte der andere mit: „Dann würde ich nicht mehr leben wollen." In diesem Moment hätte man eine Nadel fallen hören können. Die Kursleiterin war irritiert und schaute erst zu mir, dann zu den beiden. Ich saß neben ihnen im Rollstuhl, war für alle sichtbar unterschenkelamputiert. Mein Bein hatte zwar nicht am Unfallplatz gelegen, es war erst im Krankenhaus amputiert worden. Aber ich hörte förmlich die Gedanken der Referentin: „Wie können die Jungs so etwas sagen, wo ihre Oma ein halbes Bein verloren hat und im Rollstuhl sitzt?" Hätte mich vor dem Unfall jemand gefragt, ob und wie ich mit dem Verlust eines Unterschenkels und Fußes zurechtkommen würde, ich hätte keine Antwort darauf gewusst. Ich hatte mir noch nie Gedanken darüber gemacht. Es war jenseits meiner damaligen Realität. Abgerissene Körperteile aufzusammeln wäre selbst heute, nach meinen Erlebnissen ebenfalls nicht meins. Ich hatte vollstes Verständnis für meine Enkel.

Erfahrungen können uns ausbremsen, müssen sie aber nicht. Nach der Devise „außergewöhnliche Situationen erfordern außergewöhnliche Maßnahmen" lerne ich seit meinem Unfall, mit neuen Situationen umzugehen. Dabei ist nicht nur die Anzahl meiner Reaktionsmöglichkeiten deutlich gestiegen, auch mein Sicherheitsnetz ist größer geworden. Dies gibt mir Leichtigkeit und Souveränität, weil ich mich nicht hilflos und ausgeliefert fühle. Zu meinem Grundgerüst im Alltag gehören heute ein Rucksack (um meine Hände frei zu haben), ein spezielles Anziehspray für die Prothese (damit ich in den Schaft gleiten kann), eine Prothesenverriegelung (falls ich die verwendete verliere), Pflaster (für Blasen), mein Handy (um in jeder Situation Hilfe holen zu können) und Geld (für ein Taxi und Seelentröster, wie Kuchen, Rosinenbrötchen, Kaffee). Nach meinem Erlebnis in München packe ich bei Reisen zudem einen Ersatz-Liner in den Koffer. Es summiert sich ... der Rucksack wird immer schwerer. Und eine Handtasche habe ich zusätzlich dabei. Inzwischen kann ich allerdings auch mit weniger Utensilien auf Tour gehen.

Mir ist aufgefallen, dass die skurrilsten Begebenheiten immer dann geschehen, wenn ich sie am wenigsten erwarte. So zum Beispiel auf einer Messe im Februar 2019. Der Tag war hektisch, wir waren zu viert am Messestand. Meine Freundin hatte bei der Kaffeebar Kaffee für uns vorbestellt und brauchte Unterstützung beim Abholen. Ich begleitete sie. Wir waren wie Geisterfahrer auf der Autobahn: Vom Eingang her kamen uns die Besucherströme entgegen. Plötzlich stand ich vor einer Frau, die mich anlachte. Intuitiv breiteten wir beide unsere Arme aus und umarmten uns herzlich. Meine Freundin war ganz verwundert: Ich war gerade einen Tag in Kempten und kannte schon jemanden so gut? Ich kannte die junge Frau jedoch gar nicht. Es war der Zauber des Augenblicks, der uns uns umarmen ließ. Ungewöhnliche Situationen ergaben sich auch am Messestand. Um die Hemmschwelle zur Nutzung von ätherischen Ölen zu reduzieren, boten wir Handmassagen an. Dieses Angebot nehmen meist nur Frauen wahr. Diesmal wollten allerdings auch einige Männer eine Massage genießen. Viel Lachen begleitete die Wellnessbehandlungen. Ein Mann war so begeistert, dass er mich im Anschluss daran durch die Luft wirbelte.

Jeden Tag genießen – für mich bedeutet es, den Wert der Lebenszeit anzuerkennen. In dem Lied „Kein Zurück“ von Wolfsheim[3] heißt es: „Deine Träume schiebst du endlos vor dir her. Du willst noch leben irgendwann. Doch wenn nicht heute, wann denn dann? Denn irgendwann ist auch ein Traum zu lange her.“ Meine Zeit ist kostbar geworden, ich

---

[3] „Kein Zurück“, Text und Musik: Peter Heppner, Markus Reinhardt. Abdruck des Textzitats mit freundlicher Genehmigung von Peter Heppner.

überlege mir mehr, wofür ich sie einsetze. Wozu kann und möchte ich Ja sagen, aus welchen Gründen auch immer? Der Besuch bei Geschäftsfreunden meines Partners – ein Ja, weil es meinem Partner sehr wichtig ist. Ein gemeinsamer Fernsehabend – ein Nein, weil ich lieber in Ruhe mit einer Freundin reden möchte. Eine offizielle Veranstaltung – ein Ja, weil mir der Kontakt zu Kollegen wichtig ist und weil ich das Pflichtprogramm in der aktuellen Situation akzeptiere. Vor dem Unfall habe ich meine Wünsche häufig auf später verschoben, im Vordergrund standen die Arbeit, meine Kunden, denn der Lebensunterhalt für meine Familie musste gesichert werden. Das Fürsorge-Gen war voll ausgeprägt, ich konnte mir gar nicht vorstellen, wie es anders sein könnte. Eine Formulierung aus meinem zweijährigen Persönlichkeitstraining hat sich bei mir eingebrannt: die Metapher des „Wartesaals des Lebens“. Dort habe ich mich viel zu lange aufgehalten. Der Unfall hat meine Welt jedoch verändert. Mein Schicksal forderte mich auf, etwas für mich zu tun, mein Leben in die Hand zu nehmen. Selbst während Zeiten im Rollstuhl befinde ich mich heute nicht mehr im Wartesaal. Ich bin dann lediglich mit der Regionalbahn statt mit dem ICE unterwegs.

Jeden Tag das Leben schmecken – nicht à la carte, sondern als Überraschungsbuffet. Der Koch ist kreativ, seine Gerichte sind eine ungewöhnliche Zusammenstellung aller Geschmacksrichtungen – von süß bis sauer, von salzig bis bitter, und nicht zuletzt gehört Umami dazu. Der Koch experimentiert mit der Wirkung und der Intensität der einzelnen Komponenten. „Schärfe vertreibt Trübsal“, sagt man in Ungarn. Und wenn das sprichwörtliche Salz in der Suppe fehlt, ist man mit seinem Leben nicht zufrieden. Ich mag es am liebsten süß, scharf und heiß. Manche Kombinationen sind noch auf dem Prüfstand, weil sie vielleicht noch nicht vollmundig genug sind. Ich mag zwar gerne Kuchen, aber nur Süßes zu essen, wäre nichts für mich. Daher probiere ich alles aus und bin für alles offen – auf dem Teller und im Leben. In den folgenden Geschichten wirst du verschiedene Geschmacksrichtungen erkennen können.

Auch Fallen will gelernt sein

Dezember 2019 in Berlin. Nach einem Seminartag voller Anregungen hatte ich abends vor, nur noch schnell einen Brief wegzubringen, bevor ich mir ein nettes Lokal fürs Abendessen suchen wollte. Es wurde gerade dunkel. Ich ging beschwingt die Straße entlang, fühlte mich wohl, hatte gute Laune. Ich hätte fast tanzen können, so unbeschwert war das Gehen an diesem Abend. Ich achtete nicht auf den Weg, da meine Augen die Gegend nach einem Briefkasten absuchten. Ohne Vorwarnung machte ich plötzlich einen Bauchklatscher – ein harter Aufschlag, ich lag am Boden, die Arme weit nach vorne gestreckt, der Brief einen halben Meter von mir entfernt. Ich musste wohl an einer Kante im Gehweg hängen geblieben sein. Vorsichtig sog ich die Luft ein. Ein Gedanke, der mich erschreckte, war, dass ich das Hängenbleiben nicht einmal bemerkt hatte. Ich rappelte mich wieder hoch, hob den Brief auf. Er war noch in Ordnung. Ich sah mich um – die Straße war menschenleer, ich hatte keine Zuschauer gehabt. Mein Daunenmantel hatte einiges von der Wucht des Sturzes abgefangen. Vorsichtig bewegte ich meine Beine, ich konnte keine Bewegungseinschränkung feststellen. Nur mein rechtes Knie pochte. Ich rief mir den Brief in Erinnerung und fragte einen Passanten nach einem Briefkasten. Ich hatte Glück: Nur wenige Meter weiter auf der anderen Straßenseite konnte ich meinen Brief einwerfen. Anschließend ging ich auf direktem Weg ins Hotel zurück. Ich musste mir den Schaden genauer ansehen. Der Appetit war mir ohnehin vergangen. Das Ergebnis meiner Inspektion war: kein Riss im Mantel oder der Hose, kein offenes Knie. Ein blauer Fleck würde sich vielleicht noch bilden. Links hatte ich mir jedoch eine Rippenprellung zugezogen, die mich noch einige Wochen lang an meinen Sturz erinnerte. Aus meiner Kindheit kenne ich noch einen Satz, den meiner Mutter häufig zu mir sagte: „Heb deine Füße, Kind, schlurf nicht so." Mein linker Fuß spricht leider nicht mit mir. Daher muss ich das Gehen kontrollieren und den Fuß mehr anheben. Meine To-do-Liste habe ich jedenfalls um einen Punkt erweitert: Falltechnik optimieren.

Pudding in den Beinen

Ein Flug nach Hamburg. Mein Flieger war etwas verspätet gelandet, es war spätabends. Ich hatte einen kleinen Koffer und einen Rucksack mit an Bord. Es war ein harter Tag gewesen, ich war müde und wollte nur noch ins Bett. In dieser Verfassung ging gar nichts mehr. Ich war ungenießbar. Die Maschine rollte nach der Landung allerdings nicht zum Terminal, sondern blieb auf der Außenposition stehen. Eine mobile Gangway wurde herangerollt, die Tür ging auf. Ich nahm meine Sachen und wollte mich zum Aussteigen einreihen. Ich fühlte mich unsicher, irgendwie wacklig auf den Beinen. Ich schob es auf meine Müdigkeit, ich konnte kaum meinen Koffer hochheben. Schon der erste Schritt aus dem Flieger war ein Drama. Die Treppe war nicht richtig justiert, die Stufe zu hoch. Ich hielt mich am Türausschnitt fest und meisterte die Hürde irgendwie. Dann die restlichen Stufen. Der Weg zum Terminal zu Fuß. Im Gebäude gab es weder einen Aufzug noch eine Rolltreppe – nur Treppenstufen, die nach oben führen. Am liebsten hätte ich mich auf die unterste Stufe gesetzt und wäre nicht mehr aufgestanden. Frust, Ärger und Resignation machten sich in mir breit. Ich hätte heulen können. Mit letzter Kraft schleppte ich mich durch das Gebäude zu einem Taxi und fuhr nach Hause. Auf der Bettkante fand ich die Auflösung: Ich hatte nach dem morgendlichen Anziehen der Prothese vergessen, das Ventil zum Druckaufbau im Schaft einzusetzen. Daher saß die Prothese nicht so fest wie sonst am Bein. Plötzlich war ich erleichtert und dankbar, dass mir im Laufe des Tages nichts passiert war. Was für ein Glück hatte ich gehabt!

Gehen will geübt werden

Nach der Anpassung meiner ersten Prothese bekam ich zum Ausbalancieren in der Anfangszeit Krücken ans Herz gelegt. Meine ersten Ausflüge zogen mich in die Innenstadt. Ich fuhr mit dem Bus. Beim Aussteigen sprach mich ein Mann mit einem wissenden Lächeln an: „Na, auch was mit dem Knie?“ Ich lächelte zurück und antwortete: „Nein, mit dem Unterschenkel!“

„Im Leben geht es nicht darum, darauf zu warten, dass das Unwetter vorbeizieht, sondern darum, zu lernen, im Regen zu tanzen.” (Hilary Hinton „Zig“ Ziglar)

11 Aus der Krise finden

„Wann ist es endlich vorbei?" Das ist die zentrale Frage, wenn wir uns in einer Krise befinden. „Wann bin ich endlich aus der Misere raus? Wann kann ich wieder zur Normalität zurückkehren?" Wenn mir jemand diese Frage stellte, würde ich wohl die Schultern zucken, vielleicht nachfragen: „Was meinst du mit ‚raus aus der Krise'? Normalität?" Die Hoffnung, wir könnten, nachdem ein Schaden repariert ist, an einen Punkt in der Vergangenheit mehr oder weniger nahtlos anknüpfen, ist allzu menschlich. Doch jede Krise, so klein sie auch sein mag, bringt Veränderungen mit sich. Und schon Niccolò Machiavelli sagte trefflich: „Eine Veränderung hält die Tür offen, damit auch die anderen Veränderungen eintreten können."

Ich hatte das Ende meiner Krise daran gekoppelt, wieder auf zwei Beinen stehen und gehen zu können. Normalität bedeutete für mich, wieder meiner gewohnten Arbeit nachzugehen. Alles in allem wollte ich wieder voll funktionstüchtig sein. Das müsste doch machbar sein, dachte ich. Eine ähnliche Naivität besaßen im Mittelalter auch viele Seefahrer. Sie wollten ferne Länder entdecken und fuhren los, ohne zu wissen, wann ihre Reise zu Ende war. Doch Ungewissheit macht uns Angst. Wir möchten gerne die Kontrolle behalten, ein Gefühl dafür haben, wie lange wir noch durchhalten müssen. Damit du dich in einer Krise selbst optimal unterstützen kannst, möchte ich dich mit dem Prozess der Heilung vertraut machen, der alle Ebenen betrifft: Körper, Geist und Seele.

Der Einschnitt durch ein Ereignis bezeichnet das Ende des Vorhers. Doch ab wann beginnt das Nachher und ist damit die Zeit dazwischen beendet? Stell dir zum Vergleich eine große Schnittwunde vor. Das Nachher beginnt eigentlich zu dem Zeitpunkt, an dem du getrost das Pflaster abziehen kannst, weil die Wunde verheilt ist. Doch was wäre, wenn eine Narbe zurückbliebe, die dein Aussehen gravierend veränderte? Dann befiele dich ein Unbehagen, obwohl der Schnitt selbst gut verheilt ist. Vielleicht ließest du dich aus diesem Grund auf weitere Behandlungen ein, womöglich würdest du mit deinem Schicksal hadern. Wo begänne dann das Nachher deiner Krise? Läge es bereits hinter dir, weil der Schnitt geheilt ist, oder noch vor dir, weil du mit den Auswirkungen nicht fertig wirst? Üblicherweise wird das Nachher mit der rein körperlichen Heilung verknüpft. Auswirkungen, die sich danach vielleicht bemerkbar machen, sind dann Teil des normalen Lebens. So war auch meine Einstellung zu dem Unfall – der entstandene Schaden musste bestmöglich repariert werden und dann ginge es weiter. Das war leider etwas zu kurz gedacht. Wie ein Kind habe ich den Schorf von der Wunde abgepult und gepustet. Doch die oberste Hautschicht, die ich damit erreichte, war in Ordnung. Ich dachte, die körperliche Heilung

sei das Einzige, was ich zur Bewältigung der Krise brauchte. Und diese war am Ende der Früh-Reha weitgehend abgeschlossen. Darauf konnte ich aufbauen. Alles im Lot also? Fehleinschätzung.
Meine Denkfähigkeit hatte gelitten. Mein Verstand wollte wieder gefordert werden, so wie früher im Job. Die mentale Trainingszeit sollte jedoch mehr Zeit in Anspruch nehmen als die körperliche Heilung. Ich fing mit kleinen Aufgaben an. Mit einem neuen Zuhause würde ich schnell regenerieren, dachte ich. Das wäre der offizielle Start in ein neues, selbstbestimmtes Leben mit einem normalen Alltag. Aber was wollte ich in Zukunft beruflich machen? Dazu fiel mir nichts ein. Mein Gehirn war immer noch wie leergefegt. Eine Tätigkeit am Computer konnte ich mir in meiner damaligen Verfassung nicht vorstellen. So war erneut das Stricken mein Mittel der Wahl, um in den Flow zu kommen und alles um mich herum zu vergessen. Es half mir auch dabei, lästige Wartezeiten zu überbrücken. Denn die Prothesenversorgung hatte ihre Tücken. Ich musste noch einmal operiert werden. Das Prozedere war mir inzwischen vertraut. Der Rolli wartete schon wie ein treuer Freund auf mich. Es war nicht mehr der Leihrollstuhl aus dem Krankenhaus. Ich hatte ein auf meine Körpergröße zugeschnittenes Modell bekommen. Wenn schon Rolli, dann etwas Hübsches, war meine Einstellung und daher zahlte ich gerne den Aufpreis für eine Sonderlackierung: Ferrari-Rot. Kissen und Stoff waren im üblichen Schwarz. Es war

Herbst. Ich übte mich in sachbezogenen Entscheidungen, Vernunft hatte die Priorität. So waren meine Kleidung und Accessoires nicht schick, sondern zweckmäßig. Wer brauchte schon Ringe oder Schmuck? Im Rolli waren Handschuhe und eine gut waschbare Jacke angebracht, denn bei Regen oder Nässe sind die Greifreifen glitschig und die Jackenärmel werden nass und schmutzig. Ich sah mich fortan mehr als „Schmuddelkind" und nicht als das Appetithäppchen, das ich gern gewesen wäre und früher war. „Geht nicht anders", sagte mein Verstand. Ich biss die Zähne zusammen. Durch den Mangel an Bewegung hatte ich in den Monaten zuvor ordentlich an Gewicht zugelegt. Wie viel konkret wusste ich nicht genau, da fehlte mir die Orientierung, denn je nach Aufbau sind die Prothesen leichter oder schwerer als ein natürliches Bein. Doch nicht nur deshalb wurde für mich jeder Klamottenkauf fortan zu einem Spießrutenlauf und selbst der Erwerb einer normalen Jeans zu einer Herausforderung: Die Hosenbeine waren so schmal geschnitten, dass ich sie nicht über den Schaft bekam, der Bund saß hinten so tief, dass mein Po im Sitzen keinen Platz mehr in der Hose hatte, ein sogenannter Muffin-Top zeigte sich – überflüssige Pfunde quollen oberhalb des Hosenbundes heraus. Oft brach ich die Shopping-Tour ab, wenn meine Selbstkritik zu übermächtig wurde. Was blieb mir schließlich übrig? Ich kaufte etwas aus der Kategorie „zweckmäßig, aber nicht schön". In meiner Fantasie sah ich mich schon als Initiatorin einer Modelinie für Amputierte. Ich führte sie in Gedanken selbst auf dem Laufsteg vor. Sie war auch für Zeiten im Rollstuhl geeignet. Und im Winter konnte der Stumpf durch eine besondere Technik warm gehalten werden. Oft genug hatte ich mich wie tiefgefroren gefühlt. Ob sich Modeschulen für solch ein Projekt begeistern könnten? Es dauerte eine Weile, bis ich mich selbst im Spiegel anlächeln und meinen Umfang voll und ganz akzeptieren konnte.

Ich wusste damals noch nicht, was alles zu einer Volumenschwankung des Stumpfes führen und damit den Sitz der Prothese beeinflussen konnte. Zum einen sind es „normale" Gewichtsschwankungen, die auch bei jedem anderen dazu führen, dass die Hose kneift oder eher locker sitzt. Die Beschaffenheit des Bindegewebes und der Gefäße, das Alter und der Flüssigkeitshaushalt des Körpers spielen außerdem eine große Rolle. Unter bestimmten Bedingungen wird mehr Wasser als normalerweise im Körper eingelagert. Schon ein feucht-fröhlicher Abend hat darauf Auswirkungen. Und im Sommer schwitzt der Stumpf im Liner, bei Kälte zieht sich das Gewebe hingegen zusammen. Ein Stumpf reagiert auf all das anders als ein vollständiges Bein mit intakten Muskeln. Das beeinflusst den Sitz der Prothese. Da hat es ein Zweibeiner leichter – dessen Schuhe passen (fast) immer.

Ein normaler Alltag spielte sich allmählich ein. Aus der Sicht Außenstehender hatte ich alles im Griff. Ich war verlässlich, hielt Termine ein. Ich nahm auch wieder Projekte an, die mit einer Reisetätigkeit verbunden waren, und pendelte zwischen Hamburg und München. Im Vergleich zu früheren Zeiten musste ich dafür fortan allerdings mehr Gepäck und mehr Zeit einplanen. Das zusätzliche Gepäck umfasst, wie bereits erwähnt, einen Ersatz-Liner, das Spezial-Spray, das mir beim Anziehen der Prothese hilft, jede Menge Pflaster, manchmal Krücken oder ein wasserfestes Bein. Die Zeiten, in denen mir ein kleines Köfferchen reichte, sind längst vorbei. Heute reise ich mit Rucksack statt Handtasche, trage flache Schuhe statt Pumps. Mehr Zeit benötige ich für die Sicherheitskontrollen am Flughafen. Die dauern länger, weil meine Prothese regelmäßig begutachtet und einem Sprengstofftest unterzogen wird. In Gedanken bin ich stets auf Sicherheit bedacht – und schränke mich damit ein. Eine spontane Zusage zu Ausflügen oder Unternehmungen, die mit langen Gehzeiten verbunden sind, mache ich nur dann, wenn ich die körperliche Fitness der anderen Gruppenmitglieder kenne. Ich ertappe mich dabei, dass ich vorab im Kopf eine Checkliste abarbeite: Prothesensituation? Unebenes Gelände? Treppen? Gehzeiten? Wie viel Energie kostet mich das? Ich brauche die Zuversicht, entsprechende Situationen meistern zu können. Vielleicht kommt dir das bekannt vor: Ist einmal eine Hürde im Kopf aufgebaut, wird es schwierig, sie wieder zu entfernen. Der Verstand behält die Oberhand.

Wünsche, Träume und Sehnsüchte mussten sich in der Zeit nach meinem Unfall unterordnen. Als ich so weit war, wollte ich sie wieder hervorholen, meine Seele sollte tanzen. Nachdem ich gemerkt hatte, dass mir die Sicherheit allein auf dem Fahrrad fehlte, träumte ich unter anderem von Fahrradtouren auf einem Tandem, wie sie zum Beispiel für Sehbehinderte angeboten werden. Vielleicht fragst du dich, wie du erkennen kannst, was deine Seele sich wünscht? Achte einfach auf deine Emotionen, die in Gesprächen, bei bestimmten Themen, beim Ansehen von Bildern oder in deinen Tagträumen hochkommen. Ich spüre häufig eine Sehnsucht in mir aufsteigen, oft gepaart mit einem Bedauern und einem Schmerz. Vieles habe ich ausgeblendet, weil ich andere Prioritäten im Kopf hatte oder um Schmerz zu vermeiden.

Meine Schwester liebt das Meer und Strandspaziergänge. Wenn sie davon erzählt, kommen auch bei mir sofort Bilder hoch: ein strahlend blauer Himmel, ein endloser weißer Sandstrand wie im niederländischen Renesse. Der Sand ist leicht angewärmt, ich kann die Zehen einbuddeln. Wellen wollen meine Füße einfangen. Sehnsucht steigt dann in mir auf, meine Augen fangen an zu glitzern. Doch Alltagsprothesen vertragen kein Salzwasser und keinen Sand. Wasserfeste Prothesen gibt es nur in der Minimalausstattung. Das Gehen damit ist mühsam. Eine strand- und salzwassertaugliche Prothese im Unterschenkelbereich ist vom Kostenträger nicht vorgesehen. Meine Seele weigert sich jedoch, diesen Traum ad acta zu legen. Ich bin zuversichtlich, eines Tages wieder am Strand entlanggehen zu können. Mit beiden Füßen auf der Erde oder mit dem Kopf in den Wolken – bei vielen Dingen gebe ich dem pragmatischen Ansatz den Vorrang.

Meine Angst vor Hunden ist zunehmend verschwunden. Ich merke, wie viel Spaß und Freude ich mit den Hunden meiner Freunde und Bekannten habe. Einen Begleiter auf vier Pfoten könnte ich mir inzwischen sogar für mich selbst vorstellen – meine Seele wäre damit einverstanden. Größer als eine Handtasche, wohnungstauglich, vom Bewegungsdrang und der Kraft her für mich noch kontrollierbar sollte er sein.

Ein neues Abendkleid für einen Ball. Ein Traum aus Spitze mit einem atemberaubenden Rückenausschnitt. Ich hatte es häufig im Geschäft gesehen, gestreichelt, mich aber nicht getraut, es anzuprobieren. Die Verkäuferin hatte einen guten Blick und ermunterte mich, es anzuziehen – es passte. Mein Verstand meldete sich sofort vehement: Lohnte es sich, solch ein Kleid zu kaufen? Wie oft würde ich es tragen können, in meinem Alter? Doch meine Entscheidung war innerlich gefallen. Meine Seele jubilierte – ein Kleid, wie aus einem Märchen war nun mein. Ich freute mich schon auf das Tanzen darin. Meine Seele klatschte in die Hände und drehte sich im Kreis.

Wenn ich mein Auto nutze, höre ich auf der Fahrt gerne Hörbücher. Einmal ließ ich jedoch zufällig das Radio laufen. Es kam ein Hit aus den 90er Jahren von Achim Reichel: „Aloha Heja He". Ich merkte, wie mir die Musik unter die Haut ging, und sang lauthals mit. Zu Hause lud ich mir den Titel direkt runter. In Schreibpausen spielte ich ihn in Dauerschleife ab. Der Text hatte für mich eine ganz eigene Bedeutung:

„Hab die ganze Welt gesehen, von Singapur bis Aberdeen. Wenn du mich fragst, wo's am schönsten war, sag ich Sansibar." Bei mir waren es nicht Singapur und Aberdeen, sondern die ganze Welt von Vorher, Nachher und der Zeit dazwischen. Sankt Georg, die Früh-Reha mit dem schönsten Moment, als ich wieder stehen und gehen konnte, das Schaulaufen auf meinen Arzt zu.

„Es war 'ne harte Überfahrt, zehn Wochen nur das Deck geschrubbt. Hab die Welt verflucht, in den Wind gespuckt und salziges Wasser geschluckt." Bei mir waren es ein paar Wochen mehr, ein herausforderndes Training mit Hadern, Tränen, geballten Fäusten. Doch ich war nicht untergegangen!

„Als wir den Anker warfen, war es himmlische Ruh und die Sonne stand senkrecht am Himmel. Als ich über die Reeling sah, da glaubte ich zu träumen." 2015 meldete ich mich zum „Soul Motion Leadership"-Programm an. Dabei ging es um Tanz als Mittel zur Persönlichkeitsentwicklung,

die Bewegung als lebendigen Ausdruck innerer Befindlichkeit. Und ich tanzte und konnte es gar nicht fassen.
„[…] Und sie sangen ein Lied. […] Und mit dem Wind wehte Gelächter herüber. Sie nahmen ihre Blumenkränze ab und warfen sie zu uns herüber. Heee und schon war die Party im Gange.“ 2017 war ich im indischen Auroville zum Chakra Dance Retreat und tanzte auf meiner ganz eigenen Party.[4]

Ich ließ meinen Sehnsüchten freien Lauf. Bilder von bemalten Körpern, Kunstwerke gebildet aus mehreren Körpern spukten in meinem Kopf herum. Bodypainting wollte ich schon immer ausprobieren, hatte mich bis dato allerdings nicht getraut. 2018 erfüllte ich mir schließlich meinen Traum und wurde zu einem Gewässer mit einem schillernden Alpenlurch – eine Echse hatte ich mir gewünscht. In diesem Zusammenhang erfuhr ich am eigenen Leib, dass hinter dem Ergebnis, dem Foto am Ende, jede Menge Arbeit und Anstrengung stecken. Mehrere Stunden in einer Position zu verharren, war mehr als eine Geduldsprobe für mich.
Die nächste Herausforderung sollte mir daher etwas mehr Bewegung erlauben. Ich fragte mich, ob es mir möglich sein würde, in Tüchern hängend akrobatische Übungen

---

[4] „Aloha Heja He“, Text und Musik: Achim Reichel. Abdruck der Textzitate mit freundlicher Genehmigung der Gorilla Musik Verlag GmbH.

auszuführen. Solche Nummern verzaubern mich und lassen mich mitfiebern und die Welt um mich herum vergessen wie ein Kind im Spiel. Aerial Yoga faszinierte mich daher: Last abgeben, getragen und gehalten werden durch ein Tuch, die Seele baumeln lassen. Ich schenkte mir dieses Erlebnis 2019 selbst.

In Träumen können Sehnsüchte sichtbar werden, oft ist darin jedoch nur Platz für die Verarbeitung des täglichen Stresses. Wir selbst werden dann zum Hauptdarsteller in unserem nächtlichen Film. Manchmal wissen wir beim Aufwachen zwar noch, dass wir geträumt haben, können uns aber nicht daran erinnern, was im Traum passiert ist. Träumst du in Farbe oder in Schwarz-Weiß? Welche Frisur hast du in deinen Träumen? Wie alt und wie groß bist du? Ich könnte auf diese Fragen keine Antworten geben, denn darauf habe ich beim Träumen noch nie geachtet. Im Rahmen einer Studie zur Akzeptanz von Prothesen wurde mir die Frage gestellt: „Sehen Sie sich in Ihren Träumen mit oder ohne Prothese?" Ich war ratlos, denn ich hatte mich noch nie darauf konzentriert.

Bilder werden auch eingesetzt, wenn ein bestimmtes Ziel erreicht werden soll. Je farbiger und detailgetreuer sie sind, desto besser. Diese Technik heißt Visualisierung. Bilder machen etwas greifbarer und attraktiver. Wenn sie zudem mit Geräuschen oder Gerüchen ergänzt werden, ist die Wirkung noch intensiver. Unsere Gedanken und Gefühle erschaffen unsere Realität. Ich habe damit begonnen, meine Vorstellungskraft zu nutzen, um dem Abbau meiner Muskeln, Sehnen und des Gewebes im Stumpf entgegenzuwirken. Ich versuche, mein Selbstbild in einer detailgetreuen, optimalen körperlichen Form zu visualisieren.

Unsere Werte begleiten uns ein Leben lang. Manchmal ändert sich ihre Rangfolge, die Inhalte aber bleiben. Mir fällt es immer noch schwer, Werte zu relativieren, die für mich wichtig sind. Verlässlichkeit stand für mich lange Zeit an oberster Stelle. Inzwischen hat Selbstfürsorge diesen Platz eingenommen. Heute erlaube ich mir, nicht mehr so verlässlich zu sein. Es ist noch immer ein Lernprozess und fällt mir schwer. Krankenhausaufenthalte und Prothesenanpassungen sind ein Grund dafür, dass ich lange im Voraus geplante Termine manchmal kurzfristig absagen muss. Im Herbst 2019 sollte ein Treffen bei einer Freundin stattfinden. Den Termin hatten wir schon zu Beginn des Jahres festgelegt. Zum geplanten Zeitpunkt hatte ich das Krankenhaus nach meiner Stumpfkorrektur zwar schon verlassen, saß jedoch noch im Rolli. Und mit diesem kam ich nicht in den zweiten Stock, wo ihre Wohnung lag. Es gab keinen Aufzug und mit Krücken oder auf dem Po rutschend war mir das Treppensteigen zu anstrengend. Mit Bedauern sagte ich ihr daher ab. Vor meinem Unfall hätte ich noch alles versucht, um an dem Treffen teilnehmen zu können.

Vom „Höher, schneller, weiter“ habe ich mich schon früher verabschiedet. Doch „Dabei sein ist alles.“ ist mir zu wenig. „Stark sein, so wie es meine Kräfte zulassen, leben so intensiv wie möglich.“ lautet nun meine Devise. Der Rahmen ist vorgegeben – was in der entsprechenden Situation für mich körperlich machbar ist. Mein Leben hat dadurch eine andere Wertigkeit und Tiefe bekommen. Ich bin dankbar dafür. Während ich dieses Kapitel schreibe, erhalte ich zwei Dinge: einen Videoclip von meiner Schwester mit einem tanzenden Frosch für die gute Laune und von einem Veranstalter eine Workshopankündigung per E-Mail für ein verlängertes Wochenende zum Thema „Tanz: Dein Leben“. Die Trainerin kenne ich noch von meinem Persönlichkeitstraining – ein Vorher/Nachher der anderen Art. Ich sehe es als Einladung, meine Seele wieder tanzen zu lassen, und melde mich an.

Das Zusammenspiel von Körper, Geist und Seele zu berücksichtigen, bringt uns innere Zufriedenheit und führt zu Einverständnis mit unserer Situation. Ich war anfangs wie blind und hatte die Folgen einer Amputation auch für mein Selbstbild völlig unterschätzt. Ich wollte nur wieder ins Funktionieren kommen. Im Rückblick werte ich dies als missglückten Versuch – und bin dankbar dafür.

„Denke nicht so oft an das, was dir fehlt, sondern an das, was du hast.“ (Marc Aurel)

Der Weg in ein neues Leben

Viele spektakuläre Ereignisse geschehen rund um die Welt – Naturkatastrophen, Unfälle, Kriege –, bei denen Menschen ein ungeahntes Durchhaltevermögen zeigen und Stärken entwickeln, die man nie vermutet hätte. Sie sind ein Wegweiser dafür, welche Kräfte in Grenzsituationen mobilisiert werden können, wenn wir es denn wollen und uns zutrauen. Ich glaube fest daran, dass diese Kräfte in jedem von uns schlummern, dass sie nichts Besonderes sind. Ich bin kein Einzelfall, der es überraschenderweise geschafft hat. Mein Antrieb war stets der Rückblick auf mein Leben – die Erkenntnis, dass ich nie wirklich meinen Weg gegangen bin. Ich habe in vielen Situationen einfach reagiert und bin dann weiter in dieselbe Richtung wie zuvor geschwommen. Vieles war allerdings nicht geplant. Das Bild des „Wartesaals des Lebens" wühlte mich in meinem tiefsten Inneren auf. Es hat mir vor Augen geführt, dass ich selbst diejenige bin, die für ihr Leben verantwortlich ist und die es ändern kann. Und doch – eingefahrene Denkweisen sind nicht leicht zu erschüttern, geschweige denn zu ändern.

Doch häufig im Leben gibt es plötzlich andere Dinge als die eigenen Probleme, die Priorität bekommen. In meinem Fall war es die Pflegebedürftigkeit meiner Eltern. Sie zogen in ein Altersheim in der Nähe meiner Wohnung und der meiner Schwester. Auf diese Weise konnten wir uns um sie kümmern. Es sollten insgesamt mehr als sechs Jahre werden, die sie dort wohnten. In dieser Phase habe ich mir oft die Träume meiner Eltern und deren Einwände gegen die Verwirklichung vor Augen geführt. „Wenn die Kinder aus dem Haus sind", „wenn Hans [mein Vater] in Rente ist" – die Perlenkette der Wenns nahm kein Ende. Meine Mutter wollte reisen, doch unter anderem aus gesundheitlichen Gründen kam sie nicht dazu. Mir hat es wehgetan, zu sehen, wie ihre Träume verblassten und ihre Freude am Leben abnahm.

In meinem Leben war der Unfall wie ein Feuer, das all meine Bedenken und Prioritäten zu Asche verbrannte. Meine vermeintlichen Säulen zerbröselten. Infolgedessen erlaubte ich mir nicht nur, etwas anderes zu machen, für mich war es eine Notwendigkeit. Jeder kann eine schwierige Situation als Sprungbrett nutzen, um sich auf seine Werte zu besinnen und in sein Leben zu springen. Wir alle haben nur ein Leben. Ich will leben mit allen Sinnen. Mir liegt es am Herzen, zu zeigen, dass ein Leben voller Lebensfreude und Sinn immer möglich ist – auch mit Einschränkung und unabhängig davon wie groß oder klein diese ausfällt. Die einzige Voraussetzung ist das Ja dazu. Und das ist auch ohne Unfall möglich.

Heute schwimme ich nicht mehr mit dem Strom. Dass ich nicht „Mainstream“ bin, ist schon äußerlich durch die Prothese sichtbar. Ich kann und will es nicht verleugnen. Ich stehe an der Grenze von zwei Welten – die eine trägt das Etikett „mit eingeschränkter Funktionalität“, die andere die Aufschrift „Normalbetrieb“. Die Erfahrungen aus beiden Welten haben mich reicher gemacht, meinen Horizont erweitert. Ich möchte dir daher Mut machen, dem Anderssein nicht mit Angst, sondern mit Neugier zu begegnen. Werde zum Dolmetscher – damit andere deine neue Welt kennenlernen können. Nur so wird unser Leben reicher, wir begegnen uns mit anderen auf Augenhöhe und tauschen uns aus. Tritt mit mir in Kontakt und zeige mir deine neue Welt. Ich freue mich darauf!

Falls meine Geschichten dich inspiriert haben, zum Experten im eigenen Haus zu werden, hat sich für mich das Schreiben dieses Buch schon gelohnt. Daher habe ich dir nun zum Abschluss noch einmal die wichtigsten Meilensteine auf dem Weg zu diesem Expertentum zusammengefasst und in einer Checkliste komprimiert.

Als Experte im eigenen Haus ...

- übernehme ich die Verantwortung für mich und mein Leben. Ich habe immer eine Wahl und entscheide selbst, ob ich Ja zum Leben oder zur Opferrolle sage, stehen bleibe oder weitergehe.

• mache ich eine Bestandsaufnahme: Wo stehe ich? Was will ich verändern? Was will ich loslassen? Darauf basierend formuliere ich meine Ziele.

• sorge ich gut für mich. Ich bin mir wichtig und setze Grenzen. Ich weiß, wie ich meine inneren Stärken kräftigen kann.

• mache ich mir selbst Mut und unterstütze mich, denn ich weiß, wie ich das am besten tue.

• merke ich, wenn ich mir selbst das Leben schwer mache, und lerne, dies zu unterbinden. Selbstreflexion ist in diesem Zusammenhang wichtig.

• kenne ich meine Bedürfnisse und erlaube mir, sie zu äußern.

• kenne ich meine Werte und richte mich nach ihnen aus.

• weiß ich, dass meine Bewertungen nur meine Sicht auf die Dinge sind. Ich übe deshalb, Situationen anders wahrzunehmen.

• habe ich einen Vertrag mit mir gemacht, weil mir meine verbleibende Lebenszeit wichtig ist.

With a Little Help from …

Manchmal ist ein wenig Begleitung notwendig, manchmal reicht ein kleiner Schubs, manchmal sind es Informationen, die zum Weiterkommen erforderlich sind. Wenn du irgendeinen dieser Impulse benötigst, um deinen Weg zu finden und zu gehen, kontaktiere mich – per Telefon oder via E-Mail. Ich bin für dich da – damit auch du wieder mit dem Leben tanzen kannst.

Als Leser dieses Buches bekommst du unter dem Link **https://www.angelika-zengler.de/bonusmaterial** mit dem Code **JF76HfEMr6** kostenlos folgendes Angebot von mir:

- Umfangreiches Zusatzmaterial zum Downloaden
- Ein 15-minütiges Gespräch, in dem ich dir für Fragen zur Verfügung stehe. Dabei können wir beispielsweise über das Download-Material, die Übungen oder meine weiteren Angebote (Coaching u. a.) sprechen.
- Solltest du Interesse an einem Coaching haben, biete ich dir ein 20-minütiges Kurzcoaching, bei dem du einen Eindruck von meiner Methodik bekommst.

Über mich

Du bist nun am Ende unserer gemeinsamen Reise durch dieses Buch angekommen. Ich hoffe und wünsche mir, dass dir die Geschichten aus meinem Leben, meine Tipps und Ratschläge und vor allem die vorgestellten Übungen dabei helfen, Krisen in deinem Leben zukünftig besser zu bewältigen und den für dich optimalen Weg aus einer Krise heraus zu finden. Krisen gehören zum Leben dazu und sie sind (fast) immer Auslöser für Veränderungen. Wir können damit hadern, Widerstand leisten oder aber bereit sein, unserem Leben eine andere Richtung zu geben.
Für mich war mein Unfall 2012 der Anstoß, Letzteres auszuprobieren. Seitdem merke ich immer wieder aufs Neue, dass ich selbst wesentlich zur Bewältigung schwieriger Situationen beitragen kann. Meine Einstellungen legen mir dabei ab und an Stolpersteine in den Weg, verleihen mir aber auch manchmal Flügel. Ich sehe Krisen inzwischen als Chance, zu wachsen, den normalen Weg zu verlassen und mich nicht allzu sehr in meiner Komfortzone zu tummeln. Ich bin fürwahr krisenerprobt und habe meine Feuertaufe hinter mir.
Die wesentlichste Veränderung in meinem Leben, die ich aktiv angegangen bin, war meine berufliche Neuausrichtung. Ich habe Ausbildungen zur Heilpraktikerin für Psychotherapie, zum Coach und zur Hypnosetherapeutin absol-

viert. Bei meiner Arbeit helfen mir meine Erfahrungen täglich dabei, mein Ziel zu erreichen: Ich möchte anderen Menschen Mut und innere Kraft zu geben, um Veränderungen positiv zu begegnen. Hilfe zur Selbsthilfe ist mein Credo. Denn letztendlich führen alle Wege zu einem selbst zurück.

Literaturempfehlungen

Die folgenden Bücher haben mir bei der Bewältigung meiner Lebenskrise sehr geholfen. Einige davon habe ich bereits im Text empfohlen. Vielleicht hast auch du Lust, weiterzulesen und noch andere Strategien kennenzulernen.

[1] Ariely, Dan: Wer denken will, muss fühlen. Die heimliche Macht der Unvernunft. 2. Aufl. München 2015.

[2] Bürgel, Ilona: Psychische Ressourcen im Job. Darauf kann ich wirklich setzen. Freiburg im Breisgau 2015.

[3] Corssen, Jens / Ehrenschwendner, Stephanie: Das Corssen-Prinzip: Die vier Werkzeuge für ein freudvolles Leben. München 2016.

[4] Friebe, Richard: Hormesis. Das Prinzip der Widerstandskraft. Wie Stress und Gift uns stärker machen. München 2016.

[5] Hasegawa, Yoshiya: Daumen-Yoga für das Gehirn. Einfache Fingerübungen gegen Vergesslichkeit, Demenz und Alzheimer. Leipzig 2019.

[6] Joseph, Stephen: Authentizität. Die neue Wissenschaft vom geglückten Leben. München 2017.

[7] Joseph, Stephen: Was uns nicht umbringt. Wie es Menschen gelingt, aus Schicksalsschlägen und traumatischen Erfahrungen gestärkt hervorzugehen. Heidelberg 2015.

[8] Wesel, Lutz: Wie sag ich's meinem Doc?. Machen Sie das Beste aus Ihrem Arztbesuch. Heidelberg 2014.

Haftungsausschluss

Die Autorin übernimmt keinerlei Gewähr für die Aktualität, Korrektheit, Vollständigkeit oder Qualität der bereitgestellten Informationen. Alle Inhalte dieses Buches wurden sorgfältig und nach bestem Gewissen zusammengetragen. Sie spiegeln die persönliche Meinung und Erfahrung der Autorin wieder. Die Autorin übernimmt daher keine juristische Verantwortung oder Haftung für Schäden, die durch eventuelle Fehler oder fehlerhafte Anwendung entstehen und erhebt keinen Anspruch auf juristische Korrektheit, sowie inhaltliche Vollständigkeit. Die Umsetzung erfolgt ausdrücklich auf eigenes Risiko. Es gibt keine Garantie dafür, dass alles genauso und bei jedem Leser zu genau den gleichen Ergebnissen führt.

Urheberrecht

Impressum

1. Auflage 2020

Kontakt:

angelika.zengler@t-online.de

www.angelika-zengler.de

Mobil: 0171 8392200

Lektorat: Andrea Lehnigk

Printed in Poland
by Amazon Fulfillment
Poland Sp. z o.o., Wrocław

66829577R00157